सन्तालिया और सन्ताल

डॉ. रामदयाल मुंडा जनजातीय कल्याण शोध संस्थान, राँची

सन्तालिया और सन्ताल

ई.जी. मन

सम्पादक

रणेन्द्र

मोनिका रानी टुटी

राकेश रंजन उराँव

अमृता प्रियंका एक्का

राजकमल प्रकाशन

ISBN : 978-93-6086-260-2

मूल्य : ₹495

पहला संस्करण : 2024

प्रकाशक : राजकमल प्रकाशन प्रा. लि.
1-बी, नेताजी सुभाष मार्ग, दरियागंज
नई दिल्ली-110 002

शाखाएँ : अशोक राजपथ, साइंस कॉलेज के सामने, पटना-800 006
पहली मंजिल, दरबारी बिल्डिंग, महात्मा गांधी मार्ग, प्रयागराज-211 001
1, अनमोल सोराबजी सन्तुक लेन, धोबी तलाव, मरीन लाइंस, मुम्बई-400 002

वेबसाइट : www.rajkamalprakashan.com
ई-मेल : info@rajkamalprakashan.com

मुद्रक : बी.के. ऑफसेट
नवीन शाहदरा, दिल्ली-110 032

SANTALIA AUR SANTAL
by E.G. Man
Edited by Ranendra, Monika Rani Tuti, Rakesh Ranjan Oraon,
Amrita Priyanka Ekka

माननीय एशले ईडेन को समर्पित

जिन्होंने सन्तालिया में ग्रामीण तंत्र की शुरुआत की, जो सन्तालों को दुख और सरकार के प्रति घृणा की स्थिति से उठाकर अपेक्षाकृत सम्पन्नता और सन्तुष्टि की स्थिति में लाने में उत्कृष्ट कदम साबित हुआ।

यह पुस्तक पूर्ण आदर के साथ समर्पित है।

उनका आज्ञाकारी सेवक,
लेखक

आमुख

आगामी पृष्ठों में जंगलों से गुजरते हुए एक लम्बी यात्रा के बाद या जब मैं कचहरी में दिन भर की कठिन मेहनत के बाद शाम को एकाकी और थका हुआ होता था उस समय लिखे गए टुकड़ों का संग्रह है।

मैंने पाठकों के सामने यह अभिव्यक्ति प्रस्तुत करने का प्रयास किया है कि मेरा परिचय एक बहुत ही दिलचस्प जनजाति से हुआ है।

उनकी परम्पराओं को उनके कथनानुसार या आदरणीय एफ. लेहमैन के बताए अनुसार दर्ज किया गया है तथा उनके रिवाजों को जैसा कि मैंने अपनी आँखों से अवलोकन किया है।

अध्याय 8 और 10 में परिकल्पनाओं को, खोज की भावना के साथ दर्ज किया गया है न कि तर्क की भावना के साथ, और यथासम्भव उतना ही संक्षिप्त किया गया है।

सन्ताल विद्रोह के उत्पत्ति पर आधारित अध्याय में मैंने इस पर सन्तालों की राय को प्रस्तुत किया है। इस राय को मैंने उनकी आकस्मिक अभिव्यक्तियों और असंगत वार्तालापों से प्राप्त किया है, जिन्हें कई बार उस समय बोला गया है जब वे थोड़ा शराब के नशे में होते थे, और इसलिए उन्होंने अपनी बातों में कोई सावधानी नहीं रखी थी। उनकी राय सही है या असंगत, इसे मैंने खुला प्रश्न छोड़ा है। लेकिन मुझे उनकी भावनाओं की अभिव्यक्तियों की सत्यता और "उन्होंने अपने हृदय की भावनाओं को अपने मुँह के द्वारा बोला है" इस बात पर कोई सन्देह नहीं है।

मैं आदरणीय मेसर्स, एफ. लेहमैन और जे. फिलिप्स का सन्ताली भाषा और गीतों में उनकी सहायता के लिए आभारी हूँ, जिसके लिए मैं उनका धन्यवाद करता हूँ। इसके साथ-साथ मैं माननीय जी. कैम्पबेल का उनकी मानवशास्त्रीय सूची के लिए, और कोल्स पर नागपुर के कमिश्नर कर्नल टी. डाल्टन के उनके लेखपत्र के लिए आभारी हूँ।

(कोलकाता)

1 जनवरी, 1861

—ई.जी. मन

क्रम

अध्याय : 1

जनजातियों की स्थिति, उनकी विशेषता - उनकी बस्ती का भूगोल - सन्तालिया खास - रिवाजों की समानता - संख्याएँ - 'भारत का दोस्त' - पूर्व में सम्पन्नता - जनसंख्या बढ़ोतरी - अप्रत्याशित विद्रोह।

विस्तृत बैसाल्टिक और कार्बोनिफेरस पहाड़ियों की शृंखला की तलहटी में, गंगा के तट से अक्षांश 26° 10' उत्तर और 87° 10' पूर्व देशान्तर में और जो विन्ध्य पहाड़ों के उत्तर-पूर्वी हिस्से का निर्माण करता है, उसमें एक अनोखी, सच बोलनेवाली, असभ्य जनजाति रहती है, जो शरीर, आदतों और अन्धविश्वासों में अपने पड़ोसियों से बिलकुल अलग है। एक नस्ल के बतौर वे दिलचस्प हैं—एक मात्र ऐसी नस्ल जिसे मं याद कर सकता हूँ—जो अपेक्षाकृत सुख और समृद्धि में रहती है, लेकिन जिनमें निराशाजनक रूप से नशाखोरी की आदत है। इन्होंने कमजोर लोगों के रूप में मजबूत और शक्तिशाली सरकार के खिलाफ विद्रोह किया और हारने के बाद भी अपने उद्‌देश्य को प्राप्त किया। मैं कुछ वर्ष तक उनके बीच रहा हूँ, और मैंने जो कुछ उनके आचरण और रिवाजों के बारे में देखा और सुना वही लिखा है, इस उम्मीद में कि मानवशास्त्र में रुचि रखनेवाले इसका अध्ययन कर सकें। वे सन्ताल राजमहल पहाड़ियों की तलहटी तक फैले जंगलों में रहते हैं, और इतनी दूरी तक नहीं जाते कि एक दिन में न आया जा सके। धीरे-धीरे वे जंगल और दलदल की ओर बढ़ते गए जब तक उनके गाँवों से उठनेवाला धुआँ विन्ध्याचल के विशाल दक्षिण-पूर्वी चोटी की छाँव के नीचे से न निकलने लगा जो बीरभूम, वर्द्धवान, मिदनापुर और कटक जिलों में पड़ता है।

उनसे मेरा परिचय अधिकतर सन्तालिया खास तक सीमित रहा है, जिसमें राजमहल की पहाड़ियों और उनके आसपास का क्षेत्र शामिल हैं। यह कहना कठिन है कि जो लोग इतनी संख्या में बढ़ चुके हैं और देश के इतने विशाल क्षेत्र में फैल गए हैं उन्होंने दूसरे जिलों में भी सन्तालिया की उन्हीं परम्पराओं और आदतों को बनाए रखा है या नहीं; लेकिन मिदनापुर में एक बुद्धिमान

सन्ताल के साथ एक साक्षात्कार में उसकी नस्ल, उसके धार्मिक अनुष्ठानों के बारे में पता चला। उसके सभी रिवाज भागलपुर जिले के सिमरा में उसकी दूसरी जनजाति के समान थे; जबकि ये दोनों स्थान एक-दूसरे से 300 मील दूर हैं।

उनकी जनसंख्या के सम्बन्ध में जेलासोर के आदरणीय जे. फिलिप्स ने सन्ताली भाषा के अपने उपयोगी व्याकरण के आमुख में कहा है, "मोहरबुंजा में सन्तालों की आबादी कुल आबादी का 3/8वाँ हिस्सा है। विभिन्न मूल राज्यों में वे बहुसंख्यक हैं। उड़ीसा से लेकर बिहार की राजमहल पहाड़ियों तक यह एक बड़ा और उद्यमशील समुदाय है। 'द फ्रैंड ऑफ इंडिया' इस सन्दर्भ में एक बहुत ही जीवन्त वर्णन करता है। अपने राजस्व संग्रहण के विशेष प्रभारी मि. पोंटेट के बारे में बात करते हुए फ्रैंड कहते हैं—

> एक डिप्टी कलेक्टर से थोड़े अधिक क्षेत्राधिकार के साथ मि. पोंटेट ने इन जंगली लोगों के बीच ऐसा सामर्थ्य हासिल कर लिया है जो लगभग राजकीय है। उसने सरकार को दिये जानेवाले राजस्व को दो हजार से तैंतालीस हजार रुपये वार्षिक तक बढ़ा दिया है, और वह भी बहुत कम शोषण के साथ। सन्तालों की संख्या 82,795 तक पहुँच गई है, जो चौदह हजार गाँवों में रहते हैं। बहुत ही आसानी से कोई भी मि. पोंटेट के क्षेत्राधिकार की खोज कर सकते हैं। जबकि इसके अलावा पाँच हजार निवासियों वाले गाँव में एक भी परिवार दूसरे समुदाय से नहीं है। एक गाँव से दूसरे गाँव तक चौड़ी सड़कें हैं, और क्षेत्र एक शान्त और समृद्ध लोगों की गतिविधि से परिपूर्ण है।"

उक्त विवरण को लिखे हुए सोलह से भी अधिक साल हो गए हैं, और तब से सन्ताल लोगों की जनसंख्या दोगुना बढ़ गई है। यह जनजाति इतने बड़े क्षेत्र में फैली है कि उनकी जनसंख्या का केवल अनुमान ही लगाया जा सकता है, लेकिन सादृश्य के अनुमान के अनुसार मैं यह मानता हूँ कि उनकी जनसंख्या में, 300,000 लोगों की बढ़ोतरी हो चुकी है।

उक्त विवरण पर एक मौन व्यंग्य यह तथ्य है कि इसे लिखने के कुछ समय बाद इन सन्तुष्ट, खुश और समृद्ध लोगों ने विद्रोह कर दिया था और तब तक लड़े जब तक कि उनका घर-परिवार खून से नहीं नहा गया, उनके गाँव जला दिये गए, देवघर जिले में वे भूखे मरने के कगार पर आ गए और बेहद कष्ट सहा। उनके मामले में उनके साथ जो कुछ हुआ उसका अनुमान नहीं था।

आज उनके मामले की समीक्षा करते हुए ऐसा लगता है कि अतीत से निकलकर लेखक द्वारा प्रस्तुत तथ्य न्यायोचित हैं, और उसने उनका सही निष्कर्ष निकाला है। जनजाति बाहरी रूप से समृद्ध और खुश थी, लेकिन महाजन, या पैसे देनेवाला, तब भी चुपचाप उनके साथ व्यापार बढ़ा रहा था; और जब कठिन समय और बुरा मौसम आया, तो नासूर स्पष्ट शान्ति और खुशी के प्रस्फुटन में छिप गए, और दु:स्वप्न से बचने के लिए सुखद कल्पना उनके संघर्ष में ध्वस्त हो गई।

अध्याय : 2

मौखिक परम्परा - दस्तावेज - प्रारम्भिक उत्पत्ति - भाषा - सम्मानसूचक या अनादरसूचक सर्वनाम का अभाव - उनकी स्वतंत्रता - गुलामी से आजादी - उनकी परिश्रमी आदतें - सन्ताली के सन्दर्भ में बंगाली निष्ठुरता।

अलिखित बोली बोलनेवाले लोगों का इतिहास, जिनकी भाषा की शब्दावली केवल असभ्य जीवन की आवश्यकताओं को ही पूरा कर पाती है, अस्पष्ट और अल्प ज्ञात होता है क्योंकि केवल मौखिक परम्पराओं पर ही विश्वास करना पड़ता है। इस मामले में उन पुराने ग्रन्थों से चयनित कुछ वाक्यों से सहायता मिलती है जिनमें इस जनजाति का नाम संयोग से मिलता है, हालाँकि वह दस्तावेज किसी अन्य मामले का वर्णन करता है—जैसे एक छापामारी, या किसी कलेक्टर की यात्रा की विवरणी। लेकिन मेरा उद्देश्य सन्तालों की उनके खुद के कमरे में सोच, उनकी उत्पत्ति और इतिहास का वर्णन करना है, न कि यह का पड़ताल करना कि इनके बारे में दूसरों के आकलन क्या कहते हैं या साचते हैं इनके बारे में।

महान कोल परिवार का एक भाग, उनकी भाषा, कुछ विभिन्नता के साथ महाली, कोडा, मुंडा, भूमिज और दूसरी अन्य जातियों के समान है। उनकी सरलता और आजादी इस तथ्य में दिखाई देती है कि उनकी भाषा में ऐसा कोई आदरसूचक या अनादरसूचक सर्वनाम नहीं है जिससे एक वरिष्ठ व्यक्ति को सम्बोधित किया जा सके या छोटे व्यक्ति को आदेश दिया जा सके। प्रथम पुरुष बहुवचन के शब्द से सन्ताल लगभग सभी को सम्बोधित करते हैं, और साथ में पीठ थपथपाते हैं (अभिवादन का एक सामान्य तरीका)। इसका तात्पर्य है दोस्ती और लगाव। नौकर के साथ भी घर के सदस्य की तरह बर्ताव करते हैं और बिना किसी अपवाद के सभी लोग सभ्य लोगों की तरह खुले स्थान पर जीवन जीने की तुलना में घने जंगल के पास रहना पसन्द करते हैं। ऐसा लगता है कि

सन्ताल लोगों ने अपने आपको दासता से मुक्त रखा है जो बंगाल और भारत के दूसरे हिस्सों में एक अभिशाप रहा है। शोषण से मुक्ति और स्वतंत्रता इस तथ्य में निहित है कि किसी औरंगजेब या किसी अकबर के अनुयायियों को कभी कर का भुगतान नहीं मिला, क्योंकि उन्हें लूटना कठिन था। विशेष रूप से इसलिए कि उनकी बस्तियाँ हमेशा बड़े शहरों या महत्त्वपूर्ण स्थानों से दूर रही हैं जहाँ आसानी से नहीं पहुँचा जा सकता था।

यदि यह हुआ होता, जैसा कि पड़ोस के पीरपैंती में हुआ था, कि कोई निर्दयी राजा अपना किला सन्ताल लोगों की बस्ती के पास बना लेता है, तो इन आदिवासियों को कुछ समय के लिए शोषण सहन करना पड़ता था, जिसके वे आदि नहीं हैं। ऐसे में वे अपने माल और चल-सम्पत्ति चूल्हा-बरतन और घर के कुलदेवता को भैंस गाड़ी में, और अपने घरेलू सामान को सुगुर या भैंस गाड़ी में लादकर नई जमीन में बसने के लिए घने जंगल में चले जाते हैं। जल्दी ही वे वनों को कुल्हाड़ी से काटकर गोलाकर जगह को साफ कर लेते थे और उस जगह बाँस और भूसे से घर और शव को दफनाने की जगह बना लेते थे, बाँस में पुआल का गुच्छा बाँधकर गाड़ देते थे जो कि एक ग्रामीण सम्पत्ति को दर्शाता है। वे खेतों के लिए भी ऐसी जगह का चुनाव करते थे जहाँ किसी ने पहले खेती नहीं की थी। वे शोषण से मुक्त हो जाते हैं, कुत्तों को ठीक से ध्यान नहीं देते हैं और अपना जीवन खाने और पीने व शिकार करने में गुजार देते हैं। वे किराये के बारे में नहीं जानते, लेकिन सभ्यता ने उन्हें अब यह सिखा दिया है कि उन्हें अब जंगल को साफ करने के लिए भी भुगतान करना होगा।

ऊपर वर्णित अस्तित्व ने प्राकृतिक रूप से सन्ताल लोगों में स्वतंत्रता के साथ मौज में रहनेवाले प्रकृति को दर्शाता है, और यह उसे अजनबियों के प्रति कम सम्मान देने के लिए प्रेरित करता है, वह कभी भी सम्मानजनक सर्वनाम या अन्य परम्पराओं के उपयोग से एक अति सभ्य समाज के निर्माण के लिए खुद को परेशान नहीं करता है।

उनका जीवन एक आदिम अरण्यवासी का है, जो सामाजिक या पारम्परिक पूर्वग्रहों से मुक्त और अछूता है। लेकिन सभ्यता के अग्रणी के रूप में वह एक ऐसी बुराई के लिए मार्ग प्रशस्त करता है हालाँकि वह बंगालियों के सम्पर्क में आने से बचना चाहता है। क्योंकि जैसा कि पहले देखा गया है, जब खेती सन्ताल की मेहनत से एक निश्चित बिन्दु तक पहुँच जाती है तो ली रैयत उस पर कब्जा कर लेती है। सन्ताल धूर्तता में उनकी बराबरी नहीं कर सकता, और जितना वह बंगालियों के नजदीक जाता है, गरीब और भी गरीब होता जाता है। इसलिए वह

अपनी जगह को छोड़कर जंगल के निर्जन स्थान की ओर चल जाता है। मिदनापुर में जहाँ मि. टेरी (नील के एक विशाल खेत का प्रबन्धक) ने सन्तालों की एक भीड़ को देखा था, वहाँ अब जंगल बिलकुल खाली है, और सन्तालों की जमीनों पर बंगालियों ने कब्जा कर लिया है। उस व्यक्ति का अनुभव उस समय का है जब वहाँ सैकड़ों वर्ग मील के क्षेत्र पर जंगल था और मानव बस्ती नहीं थी। उसने सन्तालों को वहाँ आकर बसते हुए, भूमि को साफ करते हुए और उसके बाद बंगालियों के आने पर वहाँ से जाते हुए देखा है।

अध्याय : 3

1817 की श्रीमान सुथरलैंड की विवरणी - नामकरण - सिमरा का सिबो - जनजाति की उत्पत्ति - कीटों को खानेवाले - कद-काठी - सन्ताल पुरुष और महिलाएँ - महिलाओं का उच्च स्थान - उनके बड़े परिवार - उनकी सन्तुष्टि - मूर्खताएँ - मिशनरी का आगमन - धर्मान्तरण - सन्ताली प्रवृत्ति - "बुरा सम्प्रेषण अच्छे आचरण को बुरा बनाता है"

मिस्टर सुथरलैंड द्वारा एक सक्षम विवरणी में, जब वे लगभग 1817 में मुंगेर के संयुक्त न्यायाधीश थे। उन्हें विशेष रूप से राजमहल की पहाड़ियों में रहनेवाले पहाड़ी लोगों की स्थिति की जाँच करने के लिए नियुक्त किया गया था। उनकी विवरणी में मुझे आकस्मिक रूप से सोंथार या सोंथाल के सम्बन्ध में निम्न बातों का पता चला। वे लिखते हैं : "इन बाद के सालों में यहाँ के काफी क्षेत्रों में मेहनती सोंथार ने जंगलों को साफ करके खेती करना शुरू किया है जो बीरभूम और रामगढ़ जिलों और नागपुर क्षेत्र से भी यहाँ आए थे।" आधी सदी के बाद बहुत-से बदलावों के साथ संतार शब्द बदलकर सन्ताल बन गया; लेकिन एक बूढ़े सन्ताल माँझी के अनुसार, जिसके समाज में मैंने बहुत-से घंटे आनन्द के साथ बिताए हैं, सन्ताल या संतार शब्द एक संकरीय उपाधि विशेषक शब्द है। पुराने आदिवासी प्राय: खेत में बैठे हुए पिछले वर्ष के धान के आयात में लगे रहते थे और अपने श्रमिकों पर नजर रखते थे जो अड़ जानेवाले बैलों की पूँछ मरोड़ते थे। वह अपनी नस्ल की उत्पत्ति के बारे में विचार करता है, और बहुत ही मुक्त रूप से नियम बनाता है। मुझे यह कहना पड़ेगा कि जब वह जिन या पुछवाई के नशे में होता है तो बहुत ही मनोरंजक होता है, और अपने जवानी के दिनों की कहानियाँ सुनाता है जब वह पूरी तरह नशे में डूब जाता है। उसकी जानकारी के अनुसार उसकी जनजाति पहले 'चाई जुम्पा' से आई थी जो नागपुर जिले में है, लेकिन किसी महादेव सिंह द्वारा शोषित होने

के बाद उन्होंने वह स्थान छोड़ दिया, और अपनी पूर्व की बस्ती से पूर्वोत्तर में घने जंगलों में आ गए। वहाँ उन्होंने जंगल साफ किए और वर्तमान स्थान पर आने से पहले उन्होंने वहाँ खेती की। एक छोटी जनजाति जो मूल रूप से सुरक्षा कारणों से एक साथ इकट्ठा हुई थी, जिन्होंने अपने आपको शैताल कहना शुरू कर दिया जो समय बीतने पर संतार बन गए, और अब सन्ताल बन गए। उनमें से कुछ बताते हैं कि वे मूल रूप से केवड़ थे, और जब वे जंगल में रहते थे, तो उन्होंने बहुत अभाव सहा, एक देव या आत्मा ने (सम्भवतः भूख की आत्मा) उन्हें चूहे, साँप, खेत के छोटे चूहे और कीड़े खाने के लिए मजबूर कर दिया। उन्होंने संकेत को समझा, आगे बढ़ते गए और आज भी बुरे वक्त में वे ऐसा ही करते हैं।

सन्तालों की मानवशास्त्रीय विशेषताएँ उन्हें भारत की दूसरी नस्लों से अलग करती हैं, चाहे वे घुमन्तू हों या सभ्य। पुरुष मझले और हृष्ट-पुष्ट होते हैं। उनकी त्वचा बंगालियों से अधिक काली होती है। उनके हाथ-पैर मजबूत होते हैं, होंठ मोटे होते हैं और कई उदाहरणों में वे नीग्रो जैसे दिखाई देते हैं। उनके बाल लम्बे और खुरदुरे होते हैं, जो सिर के ऊपर एक जूड़े में बँधे होते हैं, और बीच से लटके होते हैं, जिससे वे असभ्य दिखाई देते हैं। उनके ललाट को ऊँचा या क्लासिकल नहीं कहा जा सकता है; लेकिन उनकी आँखें चमकदार एवं काली होती हैं, और वे प्रसन्नचित्त रहते हैं इनसे परिचित व्यक्ति इसको पूर्णता झुठला नहीं सकता। अधिकतर उदाहरणों में चेहरा उनके चरित्र को दर्शाता है, जो आजाद, साहसी, प्रसन्नचित्त होता है। पूर्व में एक सन्ताल नियम के अनुसार झूठ नहीं बोलता था, लेकिन सभ्यता के प्रभाव ने, जो उसके बंगाली पड़ोसियों के संक्रामक नियमों के माध्यम से पड़ा, उनकी सत्य को विकलांग बना दिया। पिछले चार या पाँच सालों में एक बुरा परिवर्तन स्पष्ट रूप से दिखाई दिया है। हालाँकि आज भी एक जाति के रूप में वे बंगाल के मूल निम्न वर्ग से बेहतर हैं। बंगाली हमेशा आकस्मिक घटना के रूप में सत्य बोलते हैं; सन्ताली लोगों के लिए सत्य बोलना एक सिद्धान्त है।

जब औरतें युवा होती हैं तो वे सुन्दर दिखाई देती हैं और उनकी कद-काठी बहुत अच्छी होती है—उनकी सुन्दरता प्राचीन रोमन लोगों की नजर में इस प्रकार है :

> "रति देवी की मन्दिर में एक चिन्तित माँ अपने लड़कों के लिए सौन्दर्य का कुछ हिस्सा देने के लिए प्रार्थना करती है, परन्तु लड़कियों के लिए वह सम्पूर्ण सुन्दरता माँगती है, बहुत अधिक सुन्दरता। वह कहती है

कि आप मुझे दोष दे रही हो? क्या डायना को सुन्दर देखकर लतोना खुश नहीं हुई थी?"

वे जीवन्त और पवित्र होती हैं; उनके हाथ और पैर छोटे होते हैं और पौराणिक कथाओं की उपमा में वे गाय जैसी आँखों वाली होती हैं; उनकी शादी छोटी उम्र में नहीं की जाती, वे अधिकतर पूर्वी मौसम में रहनेवाली औरतों से अधिक अच्छा पहनती हैं, और परिवार में उनकी स्थिति अपनी कम सौभाग्यशाली बहनों से अधिक ऊँची होती है। वे अपने पति के घर में भी राज करती हैं, यदि उसके पति ने दूसरी पत्नी या रखैल नहीं रखी है, जो कभी-कभार ही होता है—हालाँकि बहुविवाह प्रथा पर सख्त पाबन्दी नहीं है, और यह इस आदिवासी समूह में बहुत लोकप्रिय प्रथा नहीं है।

समृद्ध बहुत बड़े परिवारों के साथ-जैतून की नौ शाखाएँ एक व्यक्ति के तरकश में एक सामान्य संख्या होती है—स्वस्थ, साफ और कर्मशील। कभी-कभी एक महाजन के यहाँ जाने को छोड़कर कोई परेशानी नहीं होती, और उनके पास खाने और पीने के लिए पर्याप्त होता है, विशेष रूप से वहाँ जहाँ उन्हें भूमि बंगाल सरकार से मिली है और किसी जमींदार या बिचौलिये का कोई दखल नहीं होता, जैसा कि सन्तालिया खास में होता है। वे शान्तिपूर्ण, खुश जीवन बिताते हैं, और बाहरी लोगों से अधिक घुलते-मिलते नहीं। वे जंगल को साफ करने, और पशु पालने, और दावतों, शिकार और मौज-मस्ती में अपना समय बिताते हैं। शराब पीना दो बुराइयों में से एक है। और सभी नियमों और नैतिक शिक्षाओं के बावजूद इस आदत ने उनके परिश्रम को कम नहीं किया है, घर के प्रति अपने लगाव को कम नहीं किया है, या उनके संविधान को बर्बाद नहीं किया है। इस अध्याय के शुरू में वर्णित सिमरा के बूढ़े सन्ताल सीबू ने एक दिन मुझे बताया कि स्वयं और परिवार को साल में एक बार शराब पिलाना न केवल उनका एक रिवाज है बल्कि वे उनके पशुओं को भी शराब पिलाते हैं। उसने बहुत ही भोलेपन से बताया कि वे भी अपने मालिक की सेवा करते हैं इसलिए उन्हें भी उनकी मौज-मस्ती में हिस्सा लेने का अधिकार है। एक सक्रिय मिशनरी ने बड़ी मेहनत से उन्हें धर्मसिद्धान्त पर प्रवचन दिया। एक दिन एक बूढ़े माँझी ने बताया कि उनके गाँव में उनके प्रवचनों पर, उनके बीच एक स्कूल स्थापित करने पर उन्हें कोई आपत्ति नहीं है। इसके अलावा अध्यापन से उन्हें सन्ताल बच्चों में सुधार दिखाई दिया। गाँव का मुखिया ईसाई धर्म में परिवर्तित करने को भी अच्छा मानता था। उस बूढ़े बदमाश ने आगे कहा, "लेकिन क्या तुम्हारा ईश्वर हमें सप्ताह में दो बार शराब पीने की अनुमति देगा?" मिशनरी ने हैरान

होकर उत्तर दिया, "नहीं।" इसके बाद माँझी ने वापिस जाते हुए कहा, "हमारे लड़कों और लड़कियों को पढ़ाओ, लेकिन हमें अकेला छोड़ दो।" मुझे डर है कि पुराने सन्तालों में अच्छा बीज सूखी और पथरीली भूमि पर बोया गया है, और उनकी जवानी के चले जाने के बाद उन्हें परिवर्तित करना बड़ा कठिन है। अधिकतर लोगों की कद-काठी इतनी मजबूत है कि उन्हें किसी भी कीमत पर एक अस्थायी प्रोत्साहन से पछतावा करवाना बड़ा कठिन होता है और अगली सुबह सिर में दर्द होता है। वे पूरी तरह से इस सिद्धान्त का पालन करते हुए प्रतीत होते हैं—"खाना, पीना और मौज करना, कल की चिन्ता मत करना।"

"पुराने दिनों में मारसस और हर्निकस और वृद्ध वेस्टीनस ने कहा था, ईमानदार सन्तुष्टि के साथ जीओ मेरे लड़को, अपने घरों और पहाड़ियों के साथ। इतना हल चलाओ जिससे पेट भर जाए। हमारे देवता हमारे परिश्रम से खुश होंगे : यह उनकी कृपा और सहायता है जिसने हमें मक्का का प्रयोग करना सिखाया है।"

सर बुलवर लिटन कहते हैं, "एक प्राप्त की जा सकनेवाली वस्तु का जीवन में अभाव, या इसकी प्राप्ति के प्रति उदासीनता या तो अज्ञानता के कारण या आलस्य के कारण।" सन्ताल इस परिभाषा का उदाहरण है; क्योंकि जब तक वह अपनी त्वचा को ढोलक की तरह तना हुआ, उसका पेट जब तक चावल और चूहों से भरा रहेगा, या इस प्रकार के किसी अन्य स्वादिष्ट भोजन से भरा रहेगा, और उसका सिर पुछवाक के नशे से झूमता रहेगा, सन्तुष्ट और आलस में रहेगा, तब तक उसमें किसी चीज को पाने की चाहत नहीं होगी।

जब मैं सन्ताल औरतों के एक समूह को भारत के जंगलों में घूमता हुआ देखता हूँ, जिनके सिर पर लकड़ियाँ या बाजार में बेचने के लिए उत्पाद होता है, और वे एक लय में गा रही होती हैं, उनके गीत की व्याख्या इस प्रकार से की जा सकती है :

महत्त्वपूर्ण हवा भी सामान्य है,
नीला आकाश भी सामान्य है,
सामान्य फूल भी हर तरफ हैं,
सामान्य तारे भी आसमान में चमक रहे हैं।
जंगल में पक्षियों का संगीत
बिना किसी बाधा या माप के आते हैं,
मैत्रीपूर्ण मुस्कराहट और प्यार भरे शब्द,
आनन्द और खुशी की तरह सामान्य हैं,

तो फिर इन चीजों से क्यों दूर होते हो,
और एक असामान्य इच्छा को प्राप्त करना चाहते हो।

सन्ताल इतने रूढ़िवादी हैं कि जब मि. पोंटेट, जिसने उन पर कई वर्षों तक शासन किया था, उन्होंने उन्हें आलू उगाने के लिए कहा और हर प्रोत्साहन दिया, लेकिन उन्हें यह कहते हुए मना कर दिया कि उनके पूर्वज बिना सब्जियों के लम्बे समय तक रहे हैं तो उन्हें क्यों नहीं रहना चाहिए?

वे निर्दयी और प्रतिशोधी नहीं हैं, बल्कि वे खुले और ईमानदार, भद्र और बहुत ही उपकारी, दयालु और विश्वास करनेवाले हैं, लेकिन अन्धविश्वासी हैं, उन अनपढ़ लोगों की तरह जो जंगलों और प्राकृतिक सुन्दरता से घिरे रहते हैं, और जिन्हें आसानी से बहकाया जा सकता है। सन्ताल लोग मेहनती हैं, उन्होंने भागलपुर से कटक तक विन्ध्याचल की तलहटी के क्षेत्र में से जंगलों को साफ किया। शायद वे कभी जंगल साफ कर बसना या अपराधी बनकर और शराब के नशे में अपना खाली समय नहीं बिताना चाहते थे।

एक मिशनरी की सन्तालों की नैतिकताओं और चरित्र के बारे में निम्नलिखित राय है। उसने उनके बीच रहकर काम किया था। सन्ताल लोगों के साथ रहने के कारण उनके बारे में उसके विचार बहुत महत्त्वपूर्ण हैं। वे वर्णन करते हैं :

"सन्ताल लोगों की नैतिकताएँ आमतौर पर निम्न स्तर की हैं, हालाँकि वे हिन्दुओं जैसी शुद्ध खलनायकी को नहीं जानते। वे अपनी पत्नियों को छोटे अपराध के लिए दूर भेज देते हैं। मेरा विश्वास है कि वे अच्छे पति और पत्नियाँ नहीं हैं, और प्यार करनेवाले माता-पिता नहीं हैं, जो अपने बच्चों का पेट भरने के लिए भूखे रहें। उनके शब्दों में नीची जातियों के अन्य लोगों से अधिक बेहतर हैं। ऐसा माना जाता था कि वे सत्य बोलनेवाले लोग हैं, लेकिन हकीकत में वह गायब होता दिखाई देता है। मेरा विश्वास है कि वे काल्पनिक व्यापारिक लेन-देन में धोखाधड़ी नहीं करते, जो उनका एक नकारात्मक गुण हो सकता है, वे आमतौर पर बहुत अज्ञानी हैं। वे चोरी नहीं करते, और मेरा विश्वास है कि सामान्य समय में उनमें कोई भिखारी नहीं होते। गाँवों में कुँवारी लड़कियाँ होती हैं जिनका विवाह 14 से 18 वर्ष की आयु में होता है। वे खुश रहनेवाली जाति हैं और कठिनाइयों को सरलता के साथ स्वीकार करते हैं (इस सिद्धान्त पर, 'जिसे ठीक नहीं किया जा सकता, उसे सहना पड़ता है')। उनकी महिलाओं में मधुरता, बातचीत में भोलापन और स्वच्छन्द विचार के साथ निडरता की कमी नजर आती है। वे जिनको जानते हैं उन पर भरोसा करते हैं। किसी भी

अपराध को शान्तिपूर्ण ढंग से निपटाया जाता है और अपराधी को उसकी भारी कीमत चुकानी पड़ती है जो कभी-कभी असंगत प्रतीत होता है। किसी भी तरह के अपराध में, उसकी संगीनता के हिसाब से उचित दंड पर्याप्त है। औरतों के बीच में कोई लड़ाई या खटपट नहीं होती थी, वे मितभासी होते हैं, किसी भी चीज से भोजन तैयार कर लेते हैं लेकिन अधिक पीने को देने पर, उसके प्रभाव में आकर कभी-कभी क्रूरता की हद पार कर देते हैं।

अध्याय : 4

सन्ताली प्रवृत्ति पर बाहरी अभिव्यक्तियों का प्रभाव - पोलिबियस की टिप्पणियाँ - वड्र्सवर्थ की टिप्पणियाँ - टेनिसन - उनके आधार पर निष्कर्ष - सन्तालों के साथ वार्तालाप - अलौकिक और जादू-टोने में उनका विश्वास - मजाक उड़ाने पर उनकी अतिसंवेदनशीलता, और परिणामस्वरूप मौन।

आम तौर पर यह कहा जाता है कि जिस धरती पर और जिस वातावरण में एक व्यक्ति पैदा होता है और जिस परिदृश्य में वह बड़ा होता है उसका उनके विचारों और आदतों व चरित्र पर अमिट प्रभाव पड़ता है। यह शक्ति उन परिस्थितियों में और भी अधिक बढ़ जाती है जहाँ शिक्षा का प्रसार कम होता है। इसका मतलब यह है कि अकेला मनुष्य खुद से कुछ उन्नति कर सकता है बिना किसी बाहरी प्रभावों के। मेरे विचार से यह प्रश्न पूछा जाना चाहिए कि क्या शिक्षा शक्तिशाली मन में भी पूरी तरह से बाहरी प्रभावों और उनका हमारी भावनाओं में प्रभाव के बीच सम्बन्ध को खत्म कर सकती है। उदाहरण के लिए एक बारिश के दिन में जहाँ एक मवेशियों के बाड़े को छोड़कर कुछ भी न हो और एक पुरानी निर्देशिका पढ़ने के अलावा कुछ न हो, शिक्षित व्यक्ति को भी ऊबा देगी। न ही एक राजा खुश होगा जब वह नवम्बर की धुंध भरी, बारिश की बूँदा-बाँदी की दोपहर में एक थके हुए घोड़े के साथ होगा और उसे अभी घर पहुँचने के लिए बीस लम्बे मील चलना हो। प्रकृति अपनी अलग-अलग दशाओं के अनुसार सभी की भावनाओं पर प्रभाव डालती है, और एक आदमी जितनी देर तक उनमें से किसी एक के प्रभाव में रहेगा, उतना ही स्थायी प्रभाव उसका होगा। प्रभाव सभी पर पूरी तरह से एक जैसा नहीं हो सकता है, यह कम या ज्यादा होता है, क्योंकि प्रत्येक के दिमाग का गठन अलग-अलग होता है, मुझे लगता है कि इसमें थोड़ा सन्देह है। वड्र्सवर्थ, अपने 'ऐतिहासिक ग्रीस' में, उपरोक्त कथन को सिद्ध करने की कोशिश करते हैं, हालाँकि साथ ही वे कहते हैं कि संगीत के सौन्दर्य में, उत्पादित प्रभावों

का मुकाबला करने की पर्याप्त शक्ति होती है। देश के दृश्य और मौसम और बाँसुरी की ईश्वरीय कृपा, जो ग्रीस के किसानों का एक पसन्दीदा वाद्य यंत्र था, का वर्णन करने के बाद, वे कहते हैं :

> "लोगों का सामाजिक चरित्र इन प्रभावों से लाभान्वित होता है। वे उस लालिमा के द्वारा आकर्षित हुए, अन्यथा वे उनकी मिट्टी की खुरदुरापन से प्राप्त करते; या फिर वातावरण की उग्रता से और इस प्रकार वे प्रकृति की आनन्दित करनेवाली प्रवृत्ति से प्रभावित होते हैं। कठोर और बर्बरतापूर्ण जीवन जीने का तरीका यह उन्हें पाशविकता से बचाती है, और उनमें और अधिक अच्छी आदतों का निर्माण करती है। इस प्रकार मिट्टी और मौसम व्यक्ति को प्रभावित करते हैं।"

वर्ड्सवर्थ पोलिबियस को भी उद्धृत करते हैं, जब वे सिनेथिया के लोगों के व्यवहार और उनके चरित्र पर टिप्पणी करते हैं।

ऊँची पहाड़ियाँ, गहरी घाटियाँ, पेड़ के फड़फड़ाते पत्तों को उड़ाकर ले जानेवाली तेज हवा—जिसकी आवाज को प्राचीन लोग गलत लोगों की आत्माओं की आवाज समझते थे; जंगल की मनमोहक शैवाल/काई और पेड़ के पत्तों पर डूबते सूरज की धूप और छाँव ने—उत्पादित अवर्णनीय भावनाओं ने सन्तालों पर अन्धविश्वास और किसी चीज को पूजने की इच्छा को जागृत किया है। इसने उनकी असभ्य कल्पना को उद्वेलित किया है, और भूतों के साथ जंगल और झरने, उनके विचार से, वे अच्छा करने के बजाय बुरा करते हैं और उनके लिए बलि दी जानी चाहिए—

जब संघर्ष हुआ ईश्वर और प्रकृति का
तो ईश्वर और प्रकृति एक-दूसरे के दुश्मन हैं,
तो उस प्रकृति ने दिये बुरे सपने?

उसकी परम्पराओं ने एक भावी अवस्था को स्पर्श किया। लेकिन उसमें एक विचित्र-सा जंगलीपन की छाप नजर आती है। वह आत्मा की अमरता में विश्वास करता है, या मानता है कि मृत्यु के बाद भी अस्तित्व है।

उस पूर्ण जीवन की इच्छा
जिसमें कब्र से पहले कोई जीवन
असफल नहीं होता,
उस चीज को नहीं पाना जो हमारे पास है,
जैसे कि आत्मा में परमात्मा।

मैं मानता हूँ कि जंगल के बीच में उसका एकान्त जीवन, जहाँ वह पूरे साल कुछ नहीं करता, लेकिन कुछ व्याकुलता जो प्रकृति के वैभव को उस पर प्रभाव डालने का मौका देते हैं और वह 'दैविक मूल' पर काम करता है। इसमें त्रुटि जो टेनीसन ने ऊपर इंगित किया है मस्तिष्क वैज्ञानिक के द्वारा उसके सम्मोहित चेतन मन को छूने की कोशिश और उससे जुड़ी भावनाओं को प्रकाश में लाने की कोशिश की गई है। यह है कि शिक्षा के अभाव में मार्गदर्शन या राह दिखाने के लिए सबल बुद्धि उन लोगों की पूजा करने की अस्पष्ट भावना अन्धविश्वास को जन्म देती है, और भावी राज्य का उनका विचार काल्पनिक पागलपन में परिवर्तित हो जाता है।

मैं विश्वास करता हूँ कि सामान्य अवलोकनकर्ता जितना सोचता हैं वे उससे अधिक सोचते हैं। उनका मस्तिष्क अन्धविश्वासों से भरा है और मुझे कई बार अवलोकन करने का मौका मिला है। कई बार शिकार से लौटते समय मैं बाँसुरी की आवाजें सुन आकर्षित हुआ हूँ, जिसे गाँव का एक पुरुष बजा रहा होता है, जिसके गले में माला, हाथ में कड़ा और उसने सिर के बालों के छोर को कलगी की तरह बाँध रखा है। उसके साथ बातचीत शुरु करने में समय लगता है, और किस्मत अच्छी हो तो उसकी जनजाति का एक सेवक मिल जाता है, और सभी चपरासियों से पीछा छूट जाता है (यह योजना मुझे पसन्द थी)। वह इस तरह व्यवहार करता है और अपने आपको प्रस्तुत करता है कि उसे देखकर लोग हैरान हो जाएँगे जिन्होंने उन्हें केवल मूखर्तापूर्ण भावहीन चेहरे के साथ देखा है, और ऐसा लगता है कि वह नहीं जानता है कि आगे क्या होनेवाला है।

(दृश्य खुलता है, और सन्ताल पेड़ के नीचे बैठा दिखाई देता है; जंगल में से गुजरते हुए साहेब रुकता है, और उससे इस प्रकार बोलता है) :

साहब : क्या तुम मदिरा पीते हो, मेरे बेटे?

सन्ताल : हाँ, 'माई-बाप!'

(साहब ब्रांडी की बोतल निकालता है; बूढ़ा सीबू उसका एकमात्र सेवक, घोड़े को जबरदस्ती पकड़कर पीछे खींचता है, उसका मुँह खुल जाता है और उसकी आँखें ऐसी हो जाती हैं मानो बाहर निकलनेवाली हों। तब वह एक गिलास ब्रांडी और पानी को अपने गले में उतारता है, जिसके बाद वह अपने पेट को थपथपाता है और मुस्कराहट के साथ आराम करता है।)

सीबू पागलपन में पीछे हटता है और अपने दाएँ हाथ से मुँह को पकड़े हुए बाकी ब्रांडी को भी पी जाता है बिना एक बूँद भी गिराये हुए। वह बहुत भोला नजर आता है। फिर वह गलत तरीके से बोतल में ढक्कन लगाता है और अपने होंठों को टेढ़ा करते हुए बैठ जाता है। बातचीत जारी रहती है—

साहब : *(गम्भीरता से)* मैंने सुना है कि झरने के पास की गुफा में एक भूत रहता है। क्या यह सच है? क्या यहाँ भूत रहते हैं?

सन्ताल : *(सन्देहास्पद दृष्टि से)* हाँ! लोग कहते हैं माता और पिता हैं, और भूत के अलावा उस गाँव में जनीरा के पश्चिम में दो चुड़ैलें रहती हैं।

साहब : बाप रे! यह सुनना बहुत कठिन है। तुम्हें कैसे पता वहाँ चुड़ैलें हैं?

सन्ताल : पंचायत *(पड़ोस के गाँवों के बूढ़े लोगों का समूह जिनकी संख्या तीस या चालीस होती है)* ने ऐसा कहा है।

यह उसके लिए पर्याप्त है। जो भी कुछ दस लोग कहते हैं वह सच है, वह कभी भी इस पर प्रश्न नहीं करता, और यदि पंचायत आदेश देती है कि जाओ और उन चुड़ैलों को मारो तो वह उन्हें जाकर मार देगा और उसे इस अत्याचार पर गर्व होगा।

मुझे यहाँ कहना पड़ेगा कि दस लोगों का मतलब यह नहीं कि गिनती में दस लोग, इसका अर्थ है सौ भी हो सकते हैं, या किसी मुकदमे की सुनवाई को निर्धारित करने के लिए कितने भी लोग हो सकते हैं।

मुझे यह घटना याद है, कुछ शब्दों से, जिनसे स्पष्ट रूप से उनके गहरे अन्धविश्वास का पता चलता है जो सन्तालों में पाया जाता है। चुड़ैलों में उनके विश्वास और उन्हें तुरन्त मार देने की आवश्यकता में उनसे न कोई तर्क या न कोई उपहास करता है। यदि जब वे इस विषय पर बोल रहे होते हैं और कोई हँस देता है या अविश्वास का भाव व्यक्त करता है तो वे उसे चुप करा देते हैं। और उनसे कोई जानकारी प्राप्त करना पत्थर से खून निकालने जैसा है। बहुत साल नहीं हुए हैं कि हमारे सभ्य देश में बहुत-सी महिलाओं को जिन्दा जला दिया गया है, और अधिक पाशविकता के साथ पीटकर मार डाला गया है। इतिहास भी हमें यह सोचने पर मजबूर करता है कि यदि किसी ने अंग्रेज गँवार के लोकप्रिय विचार का मजाक कर उड़ाने का साहस किया, या 'पुराने अच्छे दिनों' के बर्बरतापूर्ण प्रदर्शनों से असहमति दिखाने की कोशिश की तो उनके साथ भी बर्बरतापूर्ण व्यवहार हुआ है जिस प्रकार सन्ताल लोग चुड़ैलों के साथ करते हैं।

अध्याय : 5

सन्तालों की काव्य भावनाएँ - एक प्रेम गीत - उनकी धुनें - परम्पराएँ - विश्व का निर्माण - पहला पुरुष और औरत - उनके सात बेटों और सात बेटियों का परिवार - उनके त्योहारों पर उच्छृंखल - उनकी परम्पराओं में प्राचीन मूर्तिपूजक मिथक के साथ समानता।

सन्तालों के गीतों में एक काव्य भावना है जो उनकी परम्पराओं में दिखाई देती है। उनके गीतों में पक्षी और पुष्प होते हैं। उनके पड़ोसियों के गीतों की तरह उनमें फूहड़पन नहीं हैं। उनकी बाँसुरी की धुनें भी पक्षियों की आवाजों की तरह होती हैं, या उनमें अद्‌भुत उदासी होती है जो जंगल की गहराइयाँ भी सुनाई देती है, जो सुनने में आनन्ददायक लगती है।

यह गीत प्रेम में पीड़ित एक लड़की का है—

सिकरा पक्षी की आवाज पर्वत पर सुनाई देती है, तब लोग करुणा से भर जाते हैं—

ओह, माँ आधी रात को मोर की पूँछ पहाड़ पर, और घाटी में दिखाई देती है।

मेरे भाई ने एक सूखे पेड़ पर एक बड़ा सफेद फूल खिला हुआ देखा है—

तोते के बच्चे छोटे हैं; ओह चाची, तुम मेरे बच्चों को कब खिलाओगी, कब मेरी चाची?

सुबह-सुबह कौवा काँव-काँव करता है, जंगली कबूतर ने बगीचे में अपना घोंसला बनाया है,

ओह मेरी माँ, आओ और इसे देखो।

पहाड़ी की ढलान से मुझे दो बाँसुरियों की आवाजें सुनाई दे रही हैं,

और नीचे घाटी में ढोलक बज रहे हैं।[1]

वह बाँसुरियों की आवाजों की तरफ चली जाती है, जहाँ हम उसे छोड़ देंगे।

---

1. इन सभी सन्ताली गीतों को बंगाली और रोमन में इस संस्करण के अन्त में दिया गया है।

उनकी परम्पराएँ मानवजाति की उत्पत्ति, और संसार की रचना के सम्बन्ध को दर्शाती हैं कि कुछ सन्तालों में आविष्कार करने की कल्पनाशक्ति, और प्राचीन समय से मिली मौखिक कहानियों को याद रखने की क्षमता है। संसार के निर्माण और यहाँ रहनेवाले मानवों की उत्पत्ति का उनका संस्करण इस प्रकार है :

"प्रारम्भ में धरती में केवल पानी था। एक जल देवता जिनका नाम 'लिटा कुटरी' या मारंग बुरु, पानी के ऊपर उड़ रहे थे तब उन्होंने अपने पर में से दो पंख गिरा दिये।

ये पंख पानी के ऊपर ठहर गए, और कई दिनों तक तैरते रहे। तब वे अचानक हंस और हंसिनी में परिवर्तित हो गए।

हंसों के इस जोड़े ने पानी और आकाश के बीच उड़ना शुरू कर दिया।

तब मारंग बुरु मुख्य भगवान या आत्मा ने कहा, "मैं इन्हें कहाँ रखूँगा?"

पानी के मध्य में एक सफेद कमल था। मेरे लिए कौन मिट्टी को उठाएगा?

(हाकु) मछली ने अपनी सेवा देने की पेशकश की, लेकिन वह अपने प्रयास में असफल रही।

इस पर (कासकोरन) झींगा आया और इस काम को करने की इच्छा प्रकट की, लेकिन वह इसे कर नहीं पाया। क्योंकि जब वह मिट्टी को उठाता था तो वह फिर से पानी के ज्वार में बह जाता था।

बांगोमाकी नामक आत्मा को बुलाया गया और उससे पूछा गया कि क्या वह मिट्टी को उठा सकता था। उसने उत्तर दिया, 'हाँ, लेकिन मैं अकेला ऐसा नहीं कर सकता।'

इसके बाद होरो (कछुआ) उसकी सहायता के लिए आया और अपने सिर पर मिट्टी को उठाया, और इसके चार पैरों से बँधी चेन की मदद से उसने यह काम किया।

कछुवे ने कड़ी मेहनत की, लेकिन सफल नहीं हुआ, और उसके बाद केंचुए/केंचुआ आए।

लेंडेत (केंचुआ) ने सफेद कमल के पत्ते पर मिट्टी को उठाया।

जब यह काम पूरा हुआ तो मारंग बुरु (ओलम्पस से) उतरकर आए।

मारंग बुरु ने मिट्टी को अपने पैरों से दबा दिया, और इस पर हरी घास अंकुरित हुई, और जड़ें जमीन पर जम गईं।

इस प्रकार धरती और वनस्पति का निर्माण हुआ।"

मानवजाति के निर्माण के बारे में उनके विचार इस प्रकार हैं :

"यह बताया जाता है कि सिरोम (एक प्रकार की घास) काफी मात्रा में उग आई, और हंस और हंसिनी बारह वर्ष तक उड़ने के बाद इस पर उतरे, और समय बीतने पर हंसिनी ने दो अंडे दिये।

“उन अंडों में से दो मानव निकले और जब अंडे सेने की अवधि समाप्त हुई तो वे अंडे के खोल से बाहर आए—एक नर और एक मादा।”

इसके बाद चांदो (देवता) ने मारंग बुरु (मुख्य आत्मा, या बोंगा) से कहा, ‘जाओ और उन्हें मेरे पास लेकर आओ ताकि मैं उनसे मिल सकूँ।

जब वे चांदो की उपस्थिति में आए तो वे मानव पहले ही पूरी तरह बड़े हो चुके थे, लेकिन वे दोनों निर्वस्त्र थे।

वह आदमी और औरत विशालकाय थे।

चांदो ने आज्ञा देकर कपड़े मँगवाए। तब वे दस गज लम्बा एक वस्त्र, और दूसरा कपड़ा बारह गज का लेकर आए।

जब कपड़ों को लाया गया तो चांदो ने उन मानवों को सम्बोधित करते हुए कहा :

‘बच्चों! तुम कहाँ पर आ गए हो? क्या तुम जानते हो कि मैं तुमसे मिलने आया हूँ?’

उन्होंने कहा, ‘हाँ, हम अच्छी तरह जानते हैं।’

उन्होंने जवाब दिया, ‘ठीक है तब, सबसे पहले ये कपड़े पहनो।’

यह कहते हुए उसने आदेश दिया कि दस गज का कपड़ा पुरुष को और बारह गज का औरत को दिया जाए।

पुरुष के कपड़े ने उसका मध्य भाग और सामने और पीछे का भाग ढका।

औरत की कपड़े से उनकी छाती को भी ढका गया।

जब यह काम पूरा हो गया तो मारंग बुरु ने फिर से उन दोनों को चांदो के सामने पेश करने का आदेश दिया।

मारंग बुरु ने अपने नाती-पोतों को बुलाकर, उनसे पूछा अगर वे ध्यान दें कि उनको बुलाकर क्या कहा जा रहा है।

उन दोनों ने कहना माना।

इसके बाद उन्होंने उन्हें खमीर दिया और उन्हें इससे हाँड़ी तैयार करने के लिए कहा, जो घर की बनी मदिरा थी।

इस प्रक्रिया को चार दिन लगने थे, जिसके दौरान खमीर उठ गया।

चौथे दिन मारंग बुरु उनके पास आए, जिन्होंने निम्न बातें पूछी :

“मेरे बच्चों, क्या तुमने वह हाँड़ी या हार्री रख दी है?”

उन्होंने तुरन्त उत्तर दिया, “हाँ, दादा जी!”

उन्होंने कहा, “तब उसे मेरे पास ले आओ और मुझे देखने दो।”

जब उन्होंने उसे देख लिया तो उनसे उसमें पानी डालने के लिए कहा, और उन्होंने ऐसा किया।

इसके बाद मारंग बुरु ने उन्हें (पुरु को) भरने के लिए कहा, पत्ते का कप या पत्ते का बरतन जिसमें सन्ताल लोग अपनी मदिरा पीने के आदी हैं जिनसे आज भी सन्ताल अपनी मदिरा पीते हैं।

इस पर उन्होंने ऐसा किया, और फिर उनसे आदर के साथ पीने के लिए कहा, लेकिन उन्होंने मना कर दिया और कहा : रुक जाओ! पहले कुछ करना पड़ेगा।

हैरान होकर उन्होंने पूछा कि क्या करना पड़ेगा।

तब मारंग बुरु ने कप लिया और इसे अर्पण किया। (ऐसा हर बलि देने के बाद किया जाता है, इसके बाद से यह किया जाने लगा)

ऐसा करने के बाद उन्होंने उनको पीने के लिए प्रोत्साहित किया, और उन्होंने भी कहा कि वे भी उनके साथ पीएँ, लेकिन उन्होंने, यह कहते हुए मना कर दिया कि उन्हें घर जाना है।

इसके बाद उन दोनों ने अच्छी तरह से नशे में आने तक मदिरा पी।

जब मारंग बुरू वापस आए (यह नहीं बताया गया कि कब गए) उन्होंने पाया कि वे दोनों काफी नशे में थे। इससे पहले दोनों अलग-अलग स्थानों पर सोते थे। जब मारंग बुरु ने उन्हें इस तरह से नशे में देखा तो उन्होंने उन्हें खींचकर एक छोटे से कमरे में बन्द कर दिया।

अगली सुबह जब वे दोनों मानव जागे तो उन्होंने अपने आपको पहली बार सुहाग की सेज पर पाया।

उस सुबह को जब मारंग बुरु उनके पास आया और देखा कि वे एक साथ सोए हैं तो उसने उनसे कहा : 'क्या बच्चों तुम अभी तक उठे नहीं हो? ऐसा प्रतीत होता है कि कल तुम नशे में थे। तुम पर धिक्कार है! ऐसा कैसे हुआ?' तब वह उन लोगों को छोड़कर चले गए।

यह सब एक समय के अन्तराल में हुआ, जब वे उस जगह पर रुके हुए थे तो उन्होंने उसी स्थान पर सात लड़कों और सात लड़कियों का पालन-पोषण किया।

यह भी हुआ कि इसके बाद उन्होंने एक शक्तिशाली आत्मा मिर्जादुरिक को नाराज कर दिया।

कुछ सन्ताल कहते हैं कि यह एक मुस्लिम शासक प्रतीत होता है जिसने उनके विरुद्ध अत्याचार किया। उनके गुस्से से बचने के लिए उनको भागकर घने जंगलों में छिपना पड़ा।

जिस घटना पर मारंग बुरु ने टिप्पणी की है उसे सन्ताल महिलाएँ और पुरुष दोनों याद रखते हैं, और जब मदिरा के नशे में उनके दो प्रथम माता-पिता मिलते हैं तो वह मदिरा की दावत का एक बहाना होता है जिसे 'सोहराय' कहा जाता है। इस सम्बन्ध में, वे इतने उदार होते हैं कि इस त्योहार पर किया गया असम्मान

मजाक उस चोट के बदले तीन गुना वसूला गया शुल्क; एक सेविका, पत्नी या विधवा के अनुसार अलग-अलग स्तर का प्रयोग किया जाता है।[1]

आदिवासी जनजाति की नैतिकता के लिए यह सौभाग्यशाली है कि एक निश्चित ऋतु में ही यह त्योहार मनाया जाता है, अन्यथा उनका चरित्र इतना पवित्र नहीं रहता जितना वर्तमान में है।

मैं कहने का साहस कर सकता हूँ कि इस अध्याय के प्रारम्भ में सुनाई गई अंडों की कहानी अधिक शुद्ध मिथक के रूप में छात्रों से परिचित लगती है। इसे सुनने पर मुझे लगा मानो जब मैं एक स्कूल जानेवाला बच्चा था तब मैंने इसे लेंडात और स्वान की कहानी के रूप में सुना था। लेकिन मैंने पाया कि यह परम्परा आदिवासियों में अच्छी लोकप्रिय है, और आदरणीय एफ. लेहमैन, जो उनमें रहनेवाले एक मिशनरी थे, मेरे साथ इसकी मौलिकता पर सहमत हैं। मैंने वही वर्णन किया है जैसा मैंने सुना था।

1. मुझे डर है कि सीबू की नैतिकता इतनी अच्छी है जितनी हो सकती है उक्त मामले में उनकी उदारता के सम्बन्ध में वाक्य के लिए मेरे पास वही एक प्राधिकार है। यह प्राय: होता है कि यदि एक लड़की को शामिल किया जाता है और उसकी तुरन्त शादी नहीं की जाती है तो उसे माता-पिता द्वारा घर से निकाल दिया जाता है।

अध्याय : 6

मिर्जादुरिक - प्रथम अभिभावक का विस्तार - चैत्रो चम्पा - जनजातियों के नाम - प्रदेश जहाँ वे चले गए - कालक्रम - उनके देवता - चांदो बोंगा और अन्य - उनके और ग्रीक मिथकों के देवताओं के बीच समानता - उनके पवित्र उपवन

ऐसा लगता है कि पिछले अध्याय में वर्णित 'मिर्जादुरिक' एक मुस्लिम शासक था; लेकिन मेरी राय में यह युग मुस्लिम युग से पहले होना चाहिए। इसका सम्बन्ध किसी पहाड़ी सरदार से हो सकता है जिसकी संस्कृति में समय बीतने पर देवता मान लिया गया है। यह सन्तालों को एक ऐसा बिन्दु प्रदान करता है जहाँ से वह मानव के फैलाव का वर्णन कर सकता है, जिसे उनकी परम्पराओं में इस प्रकार बताया जाता है :

वे कहते हैं कि सात पुरुष और सात औरतें जल्दी ही बढ़ गए। संख्या बढ़ने के कारण वे अपने एकान्तवास से बाहर निकले, और पूरी धरती पर फैल गए।

यह वर्णन आगे इस प्रकार जारी रहता है :

मिर्जादुरिक उन्हें एक अच्छी जगह ले जाता है जिसे चैत्रो चम्पा कहते हैं/ (यह शायद चाय चम्पा है जिसके बारे में पिछले अध्याय में सीबू बताता है)।

"तब वे कुछ समय तक चैत्रो चम्पा में रहे। उस जगह पर एक दरवाजा सामने की ओर था और एक पीछे; और वहाँ पर पिल्चु हड़ाम (प्रथम पुरुष) और पिल्चु बुड़ही (प्रथम औरत) के वंशज अलग-अलग हो गए और उनका विस्तार हुआ।

उस समय उनके विशालकाय वंशज जनजातियों में या परिवारों में विभाजित हुए।"

सबसे बड़ा और सबसे शक्तिशाली जनजाति का नाम हांसदा पड़ा जो आज तक है। इनके बाद मुर्मू आए, और उसके बाद सोरेन, उनके बाद टुडु, इसके बाद मार्डी, किस्कू, बेसरा, केदोआर, बास्की, मार्मोरिंग, बिसरा और हेमरन कुल बारह जनजाति आए।

लगभग उसी समय वे शक्तिशाली स्थान चैत्रो चम्पा से दूर चले गए और तेजी से फैल गए। कुछ सिंग प्रदेश में चले गए, दूसरे सिकुर में और दूसरे टुंडी में और उनमें से अधिकतर कुटरा प्रदेश में चले गए। इस अन्तिम पड़ाव में वे बस गए और उस धरती में अपने आप को स्थापित करने लगे। जो लोग ऐतिहासिक कहानियों का दावा कर रहे हैं वे कहते हैं कि कुटरा में इसके निवासियों की संख्या बढ़ाने और वंशवृद्धि की असीम खासियत थी। लेकिन यह विशेषता सभी जनजातियों में सामान्य है चाहे वे जहाँ भी गए हों।

उनके कालक्रम का अनुक्रम बहुत कमजोर है, और जनजातियों के विभाजन से पहले की घटनाओं की विश्लेषण में उनके कथन अधिकतर मिथक हैं। सभी वंशानुगत आँकड़ों की शुरुआत 'एक बार की बात है' से होती है। और चूँकि उनके माह चाँद के अनुसार गिने जाते हैं, इसलिए उनके वर्ष फसल की कटाई के अनुसार गिने जाते हैं, उनके वर्णन या तो एक लकड़ी पर लगे निशानों के आधार पर होते हैं, जैसा कि इंग्लैंड में गाँवों में क्रिकेट का स्कोर गिनने के लिए प्रयोग किए जाते थे, या घास के तिनके पर लगी गाँठों के आधार पर होते हैं, या एक साथ बँधे हुए घास के तिनकों की संख्या के आधार पर होते हैं, इसलिए यह हैरानी की बात नहीं है कि वे (बाढ़ और उनके जनजाति के विस्तार की घटनाओं के सम्बन्ध में) बीते हुए समय और अभी के बीच के अन्तराल का कोई विचार प्रस्तुत करने का प्रयास नहीं करते।

मैं यह खोज नहीं पाया कि उनके द्वारा बारह से भी अधिक देवताओं या शासक आत्माओं को मान्यता प्रदान की गई है। इन बारह के अलावा बहुत-सी छोटी बनवासी आत्माएँ भी हैं जैसे पानी के सोते का, झरने की आत्माएँ आदि, लेकिन बाद में, मैंने इन्हें उनके चुड़ैलों की श्रेणी में भी डाला है, और दर्जन-भर अधिक कुलीन आत्माओं में शामिल नहीं किया है, जिनके गुण और नाम इस प्रकार हैं—

1. चन्दो, जिसे चन्दो बोंगा भी कहा जाता है जो सबसे सर्वोपरि है, और उसका सम्बन्ध प्राचीनकाल के जीउस या बृहस्पति से है, लेकिन उसकी कभी व्यक्तिगत पूजा नहीं की जाती, और न ही उसे सन्तुष्ट करने के लिए कोई बलि दी जाती है। मुझे ऐसा लगता है कि सन्ताल इस आत्मा को सृजक मानते हैं जो इतनी ऊपर रहती है कि उनकी आराधना नहीं हो सकती। और उसका एक अर्ध-प्रधानमंत्री है जिसको बलि दी जाती है। वे मानते हैं कि उन्हें केवल इस माध्यम से सम्मान दिया जा सकता है। लेकिन मुझे कहना पड़ेगा कि उनके नाम को कसम खाने के लिए प्रयोग किया जाता है, जैसा कि सन्ताली लोग न्यायालय में इस प्रकार शपथ लेते हैं, 'चन्दो बोंगा के सामने'।

2. मारंग बुरु या लिटा कुटरी सबसे उच्च भूत है या आत्मा है जिसे बलि दी जाती है। उसने मुझे बताया कि वह एक माध्यम है; और सोंथाल को रक्षक का जरूरतमन्द व्यक्ति के बीच की मध्यस्थता की कहानी सुनने को कहा गया था मुझे कल्पना करनी चाहिए कि उसके स्वयं के मन में वह तुरन्त मारंग बुरु को अपने विचार में उत्पन्न कर लेगा। मैं यह घबराहट के साथ लिख रहा हूँ, क्योंकि यह एक विचार है और सुनिश्चित तथ्य नहीं है। लेकिन मैं सोचता हूँ कि मारंग बुरु को चन्दो बोंगा और सन्ताल के बीच एक माध्यम कहा जा सकता है।
3. जतरा बोंगा
4. चट्टा बोंगा
5. पट्टा बोंगा

इन तीनों का अस्तित्व केवल उनके वार्षिक त्योहारों और समय-समय पर दी जानेवाली बलियों से पता चलता है, लेकिन उनकी वास्तविक स्थिति और गुण स्वयं सन्तालों के लिए एक रहस्य है। यदि कोई व्यक्ति सन्तालों से इन देवताओं के बारे में प्रश्न करता है, तो केवल 'हाँ' में उत्तर मिलता है। इन देवताओं को बाकी बोंगाओं के साथ पूजा जाता है, और किसी भी व्यक्ति या गाँव के लिए किसी भी मुसीबत के समय या दुर्भाग्यपूर्ण घटना के समय पीड़ित लोग विशेष बलि या त्योहारों के माध्यम से उनकी पूजा करते हैं।

उनमें से प्रत्येक के सम्मान में गाँव के बाहर एक टीले पर एक पत्थर गड़ा होता है जो पूजा स्थल होता है और वहीं पर बलि दी जाती है।

6 से 12 : तुरुई हरको, जो 5 या 6 बोंगा हैं, या जैसा कि सन्ताल कहते हैं वे पाँच भाई और एक बहन हैं। ऐसा माना जाता है कि ये आधा दर्जन देवता पवित्र पेड़ में रहते हैं जिसका नाम जाहर (या पवित्र पेड़) होता है। यह पेड़ हर गाँव के नजदीक होता है, जहाँ छह पत्थर छह अलग-अलग पेड़ों के पास गड़े होते हैं जो इनके अस्तित्व को दर्शाते हैं।

सन्तालों द्वारा इन देवताओं की प्रस्तुति और प्राचीन लोगों द्वारा जीयस या जूपिटर की प्रस्तुति में बड़ी समानता है। दोनों ही मामलों में पत्थर देवता का प्रतीक होता है। एक सन्धि में रोमन लोगों ने जूपिटर का पवित्र संकेत अपनाया, अर्थात् छड़ी और चकमक पत्थर जिसके साथ थोड़ी सी मात्रा में घास होती है, और इस प्रकार के अवसरों पर ली गई शपथ को हमेशा 'per fovis lapidem jurare' (to swear by the pit ston) अर्थात् पत्थर की सौगन्ध खाने के रूप में अभिव्यक्त किया जाता है। प्रत्येक सन्ताल गाँव के बाहर पवित्र पेड़ एक बार देखने के बाद ग्रीक लोगों के पवित्र पेड़ों की याद दिलाता है। मेरा मानना है कि ग्रीक के पवित्र

पेड़ों में आमतौर पर एक बुत होता है, जो उनके डोरिक मन्दिरों के चारों ओर होते हैं। सन्तालों के पवित्र पेड़ों में एक पत्थर को एक बुत की जगह रखा जाता है, क्योंकि उनकी कला इतनी अच्छी नहीं हुई है।

लेकिन सन्तालों का विचार समान है। हालाँकि वे ग्रीक लोगों की तरह अधिक अच्छा काम नहीं कर पाए।

एक इत्तफाक भी है जिसका वर्णन यहाँ किया जाना चाहिए। वह यह है कि ग्रीक लोगों के पास जीयर के छह रूप थे जो उनके पवित्र स्थानों पर एक पंक्ति में होते हैं जो क्रोमियम के बने होते हैं। क्या सन्तालों के छह पत्थरों का सम्बन्ध इनसे है?

ग्रीक लोगों के पास एक बलिवेदी[1] थी जिसे उनके बारह देवताओं के लिए उस स्थान पर रखा जाता था जहाँ अटिका के सभी मुख्य मार्ग मिलते थे, और जिस दूरी से वे मापते थे। यह एक दिलचस्प ध्यान देनेवाली बात है कि मुख्य सन्ताली देवताओं और ग्रीक देवताओं की संख्या समान है।

1. ऐसा प्रतीत होता है कि बलिवेदी हमारे चर्चों का उद्देश्य पूरा करती थी; इंग्लैंड में दूरियाँ हमेशा देहाती केन्द्रों से मापी जाती हैं।

अध्याय : 7

इडीय बलियाँ - 'अहगे बंगा' - पुजारी और उनके कार्य - उनका मन्नत का चढ़ावा - विभिन्न प्रकार के त्योहार - उनकी रस्में - उनके पर्व - उनके मेले - बकरियाँ, मुर्गे, आदि, बलि - सन्ताल झूले का वर्णन

प्राचीन ब्रिटेन के पुरोहितों की तरह सन्तालों में भी एक निश्चित त्योहार पर मानवों की बलि देने की प्रथा थी। यदि ऐसी कोई प्रथा रही थी—और मैं मानता हूँ कि ऐसी प्रथा रही होगी—ब्रिटिश शासन के परिवर्तन ने इस पाशविक प्रथा को बन्द कर दिया था। अहगे बोंगा[1] एक देवता था जो शान्त होता था लेकिन चूँकि उसकी बलि प्राचीन हो चुकी है, इसलिए उसकी पूजा भी बन्द हो गई है, और उसका नाम नई पीढ़ी में कोई नहीं जानता। मुझे पता नहीं है कि इस देवता को इस प्रकार भयानक बलि की आवश्यकता क्यों थी।

नायक या नायकी उनके पुजारी का सामान्य नाम है जिसके बारे में जानकारी नहीं है; उनका पद वंशानुगत नहीं था और न ही वे इस शक्ति को गाँव में रखते थे जैसा कि बंगाल में ब्राह्मण रखते हैं। लेकिन वे हर त्योहार पर मौजूद होते हैं और बकरों, मुर्गों, इत्यादि की बलि देते हैं जिन्हें देवताओं को समर्पित किया जाता है।

बिना बलि के कोई पूजा नहीं होती। इसके लिए स्थान या तो तीन पत्थरों के सामने होता है जिन्हें जटरा बोंगा, चैता बोंगा और पट्टा बोंगा के सम्मान में लगाया गया होता है, या पवित्र पेड़ (जाहर) में होता है जिसे गाँव के नजदीक पाया जाता है, या प्रत्येक सन्ताल के घर में या 'माँझीस्तान' के पास पाया जाता है, जो कि गाँव के प्रधान के घर के सामने होता है।

उनके कुछ त्योहारों पर दी जानेवाली बलि में अन्तर पाया जाता है, क्योंकि वे विभिन्न भूतों या आत्माओं के अनुसार भिन्न होते हैं जिनके सामने वे प्रस्तुत होते हैं,

1. जहाँ तक मैं समझता हूँ, यह लिटा कुटरी, या मारंग बुरु का दूसरा नाम है।

और उनका सम्बन्ध वांछित प्रभावों से होता है, जैसे विशेष विपत्ति से छूट—जैसे बीमारी, कमी, अकाल, पदास्य रोग, चेचक, इत्यादि। शादी और मृत्यु के अवसरों पर विशेष बलियाँ दी जाती हैं।

निम्नलिखित त्योहार महत्त्वपूर्ण हैं :

बाहा पर्व, जो बसन्त ऋतु के आगमन पर आता है।

मा मोर पर्व जिसे शायद 'महान आराधना का सामान्य वार्षिक त्योहार' कहा जा सकता है।

सोहराई पर्व, या बोंगा जो वर्षा ऋतु में आता है, और इसका नाम उससे सम्बन्धित देवता के नाम पर रखा गया है, जैसा कि निम्न दो त्योहार हैं :

सन्तालों के झूलने के त्योहार के सम्बन्ध में पट्टा बोंगा, जहाँ से हिन्दुओं ने शायद चुरक पूजा को लिया है।

जतरा बोंगा जो जनवरी में आनेवाला मदिरा का त्योहार है।

बाहा और मा मोर पर्व अर्थात् 'पाँच भाईयों और एक बहन के त्योहार' को जाहव युग का नाम दिया गया है, लेकिन उनके नाम या तो सन्ताल जानते नहीं या अजनबी लोगों के सामने वे बताते नहीं हैं। पूजा और बलि निम्न प्रकार से दी जाती हैं :

सबसे पहले गाँव का पुजारी छह पवित्र पेड़ों की जड़ में छह पत्थरों पर लाल रंग (अरा हैरा) करता है, जो प्रायः एक वृद्ध व्यक्ति होता है। इसके बाद वह छह मुर्गों का सिर काटता है[1], तेज सन्ताली कुल्हाड़ी से उनका वध किया जाता है, और ऐसा करने के तुरन्त बाद रक्त को उनकी गर्दन से छह पत्थरों पर टपकने दिया जाता है। इसके बाद वह आधा दर्जन सिरों को अपने पास रखता है। गाँव के लोग उनके धड़ों को लेते हैं और सभी लोग उसी स्थान पर इसमें भाग लेते हैं। इसके बाद वे घर में तैयार की गई हँड़िया पीते हैं, जो हर बलि के अवसर पर होती है चाहे उसे घर के अन्दर किया गया हो या घर से बाहर। प्रत्येक ग्रामीण व्यक्ति घर लौटते समय मारंग बुरु और अपने पूर्वजों को भेंट चढ़ाता है। देवता को सफेद मुर्गा चढ़ाया जाता है, जिसकी बलि परिवार के पिता द्वारा उसके अनुसार चुने गए स्थान पर दी जाती है, और उसके बाद पूरा परिवार आनेवाले मेहमानों के साथ भाग लेता है। भेंट चढ़ाने के बाद सूअर या बकरे की बारी आती है, जिसे वे अपने पूर्वजों की आत्मा को भेंट स्वरूप प्रदान करते हैं। मारने के लिए उसी स्थान को चुना जाता है, और वही तरीका अपनाया जाता है जिसे मारंग बुरु को भेंट चढ़ाने के लिए अपनाया गया था।

---

1. कुल्हाड़ी की धार को ऊपर की तरफ रखा जाता है, गर्दन को इससे दबाया जाता है।

मा मोर त्योहार पर जो पवित्र पेड़ों में होता है, सबसे पहली बलि छह मुर्गों की दी जाती है। इसके बाद तीन बकरों की बलि दी जाती है, जिसमें से पहला सफेद होना चाहिए, दूसरा काला और तीसरा लाल होना चाहिए।

जतरा बोंगा की बलियाँ गाँव से बाहर उक्त पत्थरों के सामने दी जाती हैं। इन पत्थरों को मिट्टी के टीले पर स्थापित किया जाता है और सबसे पहले इन पर लाल रंग किया जाता है। इसके बाद पुजारी कच्चा चावल, दूध, मक्खन, और सुपारी को एक साथ मिलाता है और इसे बोंगा को समर्पित करता है। इसके बाद एक कबूतर और एक बकरी को मारा जाता है और उनके रक्त को आहूति के रूप में अर्पण किया जाता है। बलि के इस अनुष्ठान, 'चैत्या' या बोंगा की आकाशवाणी के दौरान तीन या पाँच लोग साथ में एक पंक्ति में बैठे होते हैं और वे अपने सिरों को बिना रुके आगे या पीछे ले जा रहे होते हैं, जो पारम्परिक भविष्यवाणी के पागलपन में व्याकुल होते हैं। जब यह अवस्था आती है तो कोई भी सन्ताल जो भविष्य देखने की इच्छा रखता है, या भूतकाल के कारणों को जानना चाहता है, वह भविष्यवक्ता के पास जाता है और उसे तुरन्त उत्तर मिलता है, कि उसके शरीर की बीमारी का कारण क्या है, उसके मवेशियों की मृत्यु का कारण क्या है, या गाँव में किसी सन्देहास्पद चुड़ैल की मौजूदगी है या नहीं। यह सब जानकारी वह कुछ अन्नों का भुगतान करके प्राप्त कर सकता है। भेंटों के सिर चैत्य का परमाधिकार है और वहाँ मौजूद लोग भेंटों के धड़ों को अपने बीच बाँट लेते हैं।

इस त्योहार के साथ वे एक मेले का आयोजन भी करते हैं, और पेड़ों की टहनियों से बनी दुकानें लगाते हैं, जो धूप और रात में ओस से पर्याप्त सुरक्षा करती हैं। इन दुकानों में दर्पण, कंघी, मालाएँ और मिठाइयाँ आदि बेचे जाते हैं। वे झूलों पर भी झूलते हैं, जो शक्तिशाली गोल फ्रेम से बने होते हैं जिन्हें दो ऊँचे खम्भों पर लटकाया गया होता है, जिसमें सीटें लगी होती हैं और उसे घुमाया जाता है। यह ठीक ऐसा ही होता है जैसा कि क्रिस्टल पैलेस में देखा जाता है। लेकिन इसकी तुलना में सन्ताली झूला काफी निम्न स्तरीय होता है।

अध्याय : 8

त्योहार - पट्टा बोंगा, चट्टा बोंगा, सोहराई, चड़क - सामान्य रूप और समारोह - एक छतरी को एकल श्रद्धांजलि - पीने का महान त्योहार - सन्ताल रात्रिभोज - सन्तालों के इतिहास के सम्बन्ध में अभिव्यक्तियाँ - क्या प्राचीन मिथक के साथ समानता मात्र एक दुर्घटना है? - सिकन्दर महान के आगमन के सम्बन्ध में ऐतिहासिक तथ्य, उससे अनुमान - सभी मिथकों की पहचान।

सन्तालों द्वारा तीन और त्योहार मनाए जाते हैं जिन्हें मैं बताना चाहता हूँ। वे हैं सोहराय त्योहार और वे जो 'पट्टा बोंगा' और 'चट्टा बोंगा' को समर्पित हैं।

पट्टा बोंगा के सम्मान में आयोजित अनुष्ठान में, जिसे गाँव के बाहर टीले पर गड़े पत्थर के सामने किया जाता है, वही कार्य किए जाते हैं जो जतरा बोंगा के अनुष्ठान में किए जाते हैं, लेकिन इसके समापन पर सन्ताल पहले चड़क पूजा करते थे, या झूलन का त्योहार मनाते थे। श्रद्धालुओं को लटकाने के लिए प्रयोग किए जानेवाले हुक जिन्हें उनकी पीठ की मांसपेशियों में गाड़ा जाता है, जो प्राय: एक मदोन्मत्त भविष्यवक्ता होता है। इसके बाद उसे हवा में लटका दिया जाता है और घुमाया जाता है। मैंने इस प्रकार के काफी बलिदानकर्ता देखे हैं, और हालाँकि एक आकस्मिक अवलोकनकर्ता को इस प्रकार से एक आदमी को हुकों से लटके हुए देखकर बहुत ही भयानक लगता है, लेकिन यह इतना बुरा नहीं है जितना दिखाई देता है। क्योंकि उसके दोस्त पीड़ित के शरीर के चारों ओर एक मजबूत कपड़ा लपेट देते हैं ताकि उसके शरीर का भार कपड़े पर पड़े न कि उसकी मांसपेशियों पर। उसके मांस से थोड़ा-सा खून निकलता है। कोई स्कूली बच्चा अपनी जाँघ में पिन का सिर चुभाने से जिना दर्द महसूस करता है, मैं सोचता हूँ अंग्रेजी स्कूल के कुछ ही बच्चों ने ही यह ट्रिक इस्तेमाल की होगी।

'चट्टा बोंगा' त्योहार बारिश के दौरान आता है, और इसे केवल एक जनजाति द्वारा मनाया जाता है जिसका नाम है हांसदा, और उनके केवड़ों या लोहारों द्वारा

मनाया जाता है जो प्राकृतिक रूप से हिन्दू हैं। लगभग हर गाँव में भट्ठी पाई जाती है और वे हमेशा हल की फाली या दूसरे कृषि उपकरणों की मरम्मत करते हैं, इसलिए वे अच्छा व्यापार करते हैं। गाँव के लोग उन्हें वस्तुओं के रूप में भुगतान करते हैं, हर गाँव साल में एक बार एक निश्चित हिस्सा उन्हें गुजारे के लिए देता है।

इस त्योहार के प्रारम्भ में की जानेवाली प्रक्रियाएँ अन्य त्योहारों से मिलती हैं, लेकिन इसके अन्त में भेंट चढ़ाई जाती हैं, जिसका महत्त्व पता नहीं है। दिए गए संकेतों पर एक बारह गज लम्बा खम्भा जिसे अर्धवृत्ताकार मोड़ दिया जाता है को खड़ा और लम्बवत् गाड़ा जाता है। इस खम्भे को एक ढीले लेकिन मजबूत लोहे की धुरी से बाँध दिया जाता है, जो लकड़ी के दो सीधे टुकड़ों में बने छिद्रों में रहता है जो जमीन से लगभग एक आदमी की ऊँचाई तक रहता है। इस घूमते हुए खम्भे के ऊपर एक छोटी सजावटी छतरी लगी होती है और इसे पहले एक तरफ झटका दिया जाता है और फिर दूसरी तरफ, और एक विशेष पूजा की जाती है। खम्भे को गाड़ने के बाद इसका स्वागत खुशी और शोर के साथ किया जाता है। लोग मुट्ठी-भर रेत लेते हैं और उस छतरी पर मारते हैं। आदर के इस नये तरीके के साथ ही पुरुष युद्ध नृत्य करते हैं, और औरतें भी सन्ताली विवाह के नृत्य करती हैं। छप्पर ढाला जाता है जिसमें जलपान आदि की व्यवस्था की जाती है जो इस उद्देश्य के लिए बनाई जाती है, और पूरा सामान्य जन जो वहाँ इकट्ठा होता है खुले में खुशी मनाते हैं। इस त्योहार पर दी गई बलि को घर पर ले जाकर खाया जाता है, उसी स्थान पर नहीं।

सोहराय और फसल की खुशी उनका सबसे लम्बा और सबसे महत्त्वपूर्ण त्योहार है। यह पाँच दिन और पाँच रात तक चलता है और यह नृत्य, खाने, पीने, गाने को समर्पित है और इसमें हर तरह का कल्पनीय भोग-विलास किया जाता है। उस पूरे समय के लिए गाँव की गलियाँ लड़के और लड़कियों के शोर करते हुए समूहों से भर जाती हैं। वृद्ध लोग धूम्रमान करते हैं और हँड़िया पीते हैं, जबकि युवा एक-दूसरे को मोहित करते हैं, उछल-कूद करते हैं और नाचते हैं। विशेष रूप से उस दिन शोर-शराबा अपने चरम पर पहुँच जाता है। मवेशियों को बाहर लाया जाता है और सजावटी खूँटों से बाँध दिया जाता है। पुरुष और लड़के उनकी तरफ छड़ियाँ, टोकरियाँ आदि फेंकते हैं और छोटे बच्चे पशुओं के बीच से भागते हैं और उनके हाथ में छाल और कपड़े के टुकड़े होते हैं जिन्हें वे इनके सामने घुमाते हैं। इसके साथ ढोलक बजाए जाते हैं, चिल्लाया जाता है, और हँड़िया पीकर लोग झूमते हैं, और महिलाएँ जोर से गीत गाती हैं, इस मधोत्सव में भोग-विलास का जो दौर चलता है उसे बयाँ नहीं किया जा सकता। दी जानेवाली बलि मारंग बुरु को खुश करने के लिए होती है।

इस उत्सव का एक भाग है जो ध्यान देने योग्य है। इसके अनुष्ठान में मिस्र के 'बैल और अंडा' मिथक के साथ समानता है। सोहराय के पाँच दिनों में से एक दिन पुजारी या नायक एक मुर्गी का ताजा दिया हुआ अंडा गली में लेकर जाता है, और गली में बने एक वर्ग पर रख देता है। इसके बाद बैलों को इसके पास से ले जाया जाता है और जो बैल उस अंडे को सूँघने के लिए झुकता है उस पर निशान लगाया जाता है, वह उस वर्ष सम्मान के लिए चुना जाता है। मेरा मानना है कि मिस्र का मिथक कहता है कि पृथ्वी एक अंडे से निकली है जिसे बैल ने तोड़ा था।

सोहराय का त्योहार हर गाँव में पाँच दिन के लिए मनाया जाता है; लेकिन वे मानते हैं कि सभी गाँवों को इसे एक साथ नहीं मनाना चाहिए, ताकि सन्तालों को पूरे महीने तक मौज-मस्ती का अवसर मिल जाए।

पहले वर्णित जगहों के अतिरिक्त बलि के लिए एकमात्र स्थान माँझीस्थान, या सरपंच के घर के बाहर खुला मैदान होता है। जब अनुष्ठान होता है, तो गाँव का पुजारी सबसे पहले मैदान में रखे लकड़ी या पत्थर के सिरों को लाल रंग से पोत देता है; इसके बाद वह घर में बनी हँड़िया एक पत्ते के दोने में डालता है और इसे पूर्वजों के नाम पर भेंट चढ़ाता है, साथ ही हाथ जोड़ता है, वहाँ पर उपस्थित सभी पुरुष उसकी भाँति करते हैं, जो इस अवसर पर मुर्गे और बकरे साथ लाए हैं, जिन्हें बलि दी जाती है और उनके रक्त को मूर्तियों या पत्थरों पर चढ़ाया जाता है, जबकि मांस को पुरुष, महिलाएँ, और बच्चे आपस में समान रूप से बाँट लेते हैं। यह रस्म केवल 'मा मोर' त्योहार के अवसर पर बीज बोने के समय और फसल काटने के समय (सोहराय) पर की जाती है।

मैंने पहले कुछ सन्ताल मिथकों, रिवाजों, और उन पूर्वजों के बीच मौजूद समानता पर टिप्पणी की है और अब मैं उनकी जनजातियों के बीच निवास कर रहा हूँ और उन्होंने मुझे प्रभावित किया है। इस समानता को संयोग के सिद्धान्त के अलावा अन्य सिद्धान्तों के अनुसार देखा जाना चाहिए। सन्दर्भ की मेरी वर्तमान सीमित सुविधाओं के साथ, मैं न तो सक्षम महसूस करता हूँ और न ही किसी व्यापक प्रस्ताव को रखने के लिए तैयार हूँ, जो एक उल्लेखनीय संयोग होने की अनुमति देने का प्रयास कर सकता है, और मैं खुद को सन्तुष्ट करता हूँ, इसलिए, कुछ अनुमानों का सुझाव देकर, जिससे पाठक खुद अनुमान लगा सकते हैं।

यह पता चलता है कि सिकन्दर महान ने भारत में अपने आगमन पर केवल सिन्धु तक ही प्रवेश किया था, और उसके सेनापति सेल्युकस को इस नदी को पार करके गंगा की तरफ आगे बढने का कार्य सौंपा गया था। अपने मार्ग में वह सम्राट चन्द्रगुप्त से मिला, जो एक शक्तिशाली सम्राट था। उनके बीच

इतने मैत्रीपूर्ण सम्बन्ध बने कि सेल्युकस ने मैगस्थनीज नामक एक राजदूत को चन्द्रगुप्त की राजधानी पाटलिपुत्र भेजा; यूनानियों और स्थानीय भारतीय लोगों के बीच वैवाहिक सम्बन्ध स्थापित हुए। अब कर्नल फ्रैंकलिन और अन्य लोगों ने पाया कि पाटलिपुत्र, जैसा कि टोलमी और प्लिनी द्वारा बताया गया है, भागलपुर या राजमहल के आसपास बसा हुआ था, और वह पटना की तरह ऊँचे स्थान पर नहीं बसा था। इन दोनों में से एक स्थान मेरे उद्देश्य को पूरा करता है, लेकिन मैं राजमहल को मानता हूँ जिसे प्राचीन शहर गौर का उपक्षेत्र कहा जा सकता है। वहाँ के अवशेषों पर जंगल उग गया है, जो दर्शाते हैं कि यह कभी बड़े महत्त्व का क्षेत्र रहा है, हालाँकि मूल शहर का कुछ भी यहाँ अवशेष नहीं है जो कभी चन्द्रगुप्त के समय में रहा था। क्या मुरे द्वारा सन्दर्भित मिश्रण पाटलिपुत्र और आसपास के क्षेत्र में रहनेवाले लोगों में एक यूनानी तत्त्व को शामिल नहीं करता? जुवेनाल का कहना है कि जहाँ भी वे कपटी यूनानी गए, वहीं उन्होंने अपनी सत्ता कायम की। मेरा मानना है कि यह सम्भव है कि यूनानियों ने अपने प्राचीन मिथकों को भारतीयों को हस्तान्तरित किया होगा, जो उक्त परिस्थितियों में उनके सम्पर्क में आए थे और प्राचीन भारतीय जो उनके साथ मिश्रित हुए वे सन्ताल क्यों नहीं होने चाहिए? ब्रेस अपनी पुस्तक 'विश्व की नस्लें' में कहते हैं कि "एक नस्ल के लोगों के प्राचीन राज्य की प्राचीनता के संकेतों में एक है मलेरिया वाले और खतरनाक दूषित वाष्प वाले क्षेत्र में रहने की उनकी क्षमता। सन्ताल इन विपरीत परिस्थितियों में रहते हैं और बढ़ते हैं। वे भारत की सबसे प्राचीनतम जनजातियों में से एक हैं। राजमहल और इसके पास के जंगल, गोड्डा और नोनी से नागपुर तक का क्षेत्र साफ किया गया और उस पर खेती की गई और इसके बाद फिर से यह सब व्यर्थ गया यह बात स्पष्ट है। आसपास बचे सीमित जंगलों में कई शिकार यात्राओं में मैंने प्राय: कृत्रिम टीले, और प्राचीन तालाबों के अवशेष देखे, जो अब भर चुके हैं और उनकी केवल बाहरी रेखाएँ नजर आती हैं, जिनकी चारदीवारी बड़ी कठिनाई से पता लगती है, और तालाबों को देखने से पता लगता है कि वे सदियों पुराने हैं। क्या सन्तालों की मिर्जादुरिक की परम्परा का सम्बन्ध सिकन्दर के आगमन के बाद के काल से सन्तालों के उत्पीड़न और उन्हें कई दरवाजों वाले नगरों से वापस खदेड़ने से नहीं होना चाहिए? क्या प्राचीन खेती के प्रमाण यह नहीं दर्शाते कि वर्तमान की बंजर भूमि पर वे कभी रहते और खती करते थे? और क्या उनके सन्ताल होने की सम्भावना नहीं है? और यदि वे सन्ताल ही थे तो क्या यह सम्भावना नहीं है कि सन्ताल सेल्युकस के समय में यूनानियों के सम्पर्क में आए और उनके मिथकों का आदान-प्रदान हुआ?

मैं ये अनुमान कुछ टिप्पणियों और प्रश्नों के माध्यम से लगा रहा हूँ, इसके लिए मैं कोई तर्क नहीं दे रहा हूँ, क्योंकि मैं समझता हूँ कि उक्त कथनों को बहुत बाद में कहा गया है।

सम्पूर्ण मिथकीय इतिहास के सारांश में एक गौरतलब पहचान है। रोमन, यूनानी, पर्शिया, मिस्र, टरटार, और ट्यूटन के परम्पराओं को लीजिए, और इनमें से किसी के भी अध्ययन करने पर पता लगता है कि उन सभी की मिथक कहानियाँ लगभग समान हैं। क्या प्राचीन मिथकों को एक ही स्रोत से लिया गया है? क्या कोई ऐसा समय रहा है जब सभी मानव नस्लें एक साथ रहने लगी थी? क्या कभी ऐसा समय था जब सन्ताल और ग्रीक, पर्शियन और जर्मन, फिजी और मौरी, और अन्य एक-दूसरे के काफी करीब रहे हैं, और उन्होंने एक-दूसरे की परम्पराओं और मिथकों को अपना लिया? क्या कोई ऐसा समय रहा है जब तुरानियन, एरियन, और सेमिटिक प्रकार की भाषाएँ समान थीं? क्या ये प्रकार किसी विशेष भाषा के ही रूप हैं—एक ही केन्द्र से निकली शाखाएँ? क्या यूनानियों का 'महान अज्ञात', अमेरिकन-इंडियन लोगों की बड़ी आत्मा—दूसरी जनजातियों का महान पिता-सन्तालों का बोंगा—एक ही देवता का प्रतिनिधित्व नहीं कर सकते।

अध्याय : 9

कार्य का संक्षिप्त विवरण - मिथक और भाषा - भूतकाल में दृष्टान्त और अनुक्रम - नई जानकारी का काल - मानव जाति उत्पत्ति की समानता - पेलासजियन जाति - मिस्त्र के लोग - फिनिशियन - मल्किन का वर्णन - न्यूटन का कथन - यूनान के प्रथम निवासी - यूनान का धर्म - मिस्त्रवासियों, यहूदियों और फिनिशियनों के मिथकों में देखी गई समानता - पेले की टिप्पणियाँ।

यदि मैं सन्तालों की भाषा की जड़ों और उनकी परम्पराओं की तुलना अन्य लोगों के साथ करके उनके जनजाति की उत्पत्ति की खोज करता तो उनकी सही तस्वीर प्रस्तुत नहीं कर पाता। यह जाहिर है कि भाषा की जड़ें और प्राचीन मिथक भूतकाल के अध्ययन के दो बड़े स्त्रोत हैं। एक को गहरी समुद्री रस्सी कहा जा सकता है जो दूसरे से जुड़ी है जिसके माध्यम से समुद्र के रहस्य को जाना जा सकता है।

दोनों की विशेषताओं में समानता है। दोनों केवल एक निश्चित गहराई को मापती हैं, अधिकतम स्तर पर पहुँचने के बाद वे अविश्वसनीय हो जाती हैं।

भूतकाल का वर्णन करने में मेरा उद्देश्य उस अवधि को दर्शाना नहीं है जिसके कुछ संकेत टूटे हुए मन्दिरों, सिक्कों, मकबरों, और मूर्तियों के अवशेषों के रूप में बचे हैं, लेकिन एक भूतकाल इनसे भी पहले का है। दूसरे शब्दों में आदि काल का वर्णन करता हूँ, जब संसार अपने शैशव अवस्था में था।

मैंने पिछले अध्याय में यह बताने का प्रयास किया है कि मेरे मन पर सन्ताल मिथकों और रस्मों और प्राचीन लोगों के मिथकों और रस्मों के बीच समानता का प्रभाव रहा है। मेरा प्रभाव गलत भी हो सकता है, लेकिन मैं यह कहना न्यायोचित समझता हूँ कि इसे कुछ अन्य बुद्धिजीवियों के साथ साझा किया गया है जो शिक्षित थे, और जो इस विषय को जानते थे। लेकिन उनके प्रभावों और लेखक के प्रभावों में अन्तर निम्न में हैं : प्रत्येक ने कुछ समानताओं को देखा, लेकिन

समानता सभी को अलग-अलग दिखाई दी। उदाहरण के लिए एक व्यक्ति ने मुझे बताया कि सन्तालों और यहूदियों में समानता है; दूसरे ने कहा कि वे उसे रोम के लोगों की याद दिलाते हैं; एक तीसरे व्यक्ति ने कहा कि वह सोचता है कि उन्होंने कुछ विचार मिस्रवासियों से उधार लिये;—सभी प्राचीन लोगों से उनकी समानता से सहमत हैं, लेकिन हर कोई अलग तुलना करता है।

प्राचीन मिथकों और नस्लों से यह समानता दो अटकलों को जन्म देती है : प्रथम, यह कि सभी की परम्पराएँ एक ही स्रोत से उत्पन्न हुई हैं; या दूसरा, यह कि यह जनजाति किसी पहले के काल में उक्त सभ्यताओं के सम्पर्क में रही है। इनमें से प्रत्येक अनुमान मिस्रवासियों, यहूदियों, यूनानियों, रोमन लोगों, और दूसरे लोगों के साथ समानता की व्याख्या करता है।

लेकिन पहला कथन इतना व्यापक है कि इसे किसी दूसरे रूप में वर्णित नहीं किया जा सकता, और इसे मैं किसी अन्य विशेषज्ञों पर छोड़ता हूँ जो इसके बारे में कुछ लिख सकता है।

मैं जानबूझकर पवित्र ग्रन्थों का यहाँ जिक्र नहीं कर रहा, हालाँकि मुझे विश्वास है कि इसमें प्रेरणा है; क्योंकि मैं समझता हूँ कि जितना अधिक हमारा अन्वेषण जाएगा, पवित्र ग्रन्थ[1] का हर शब्द उतना ही अधिक सत्य प्रमाणित होगा। अब यह मानव के विकास की एकरूपता के सिद्धान्त के साथ बेमेल प्रतीत होता है जब हम न्यूजीलैंड के माओरी और उत्तरी अमेरिकी इंडियन लोगों को देखते हैं, और स्वयं से पूछते हैं—क्या ये दोनों नस्लें एक ही स्रोत से उत्पन्न हुई हैं? लेकिन मैं यह भी जोड़ने का साहस करूँगा कि यह सम्भव है कि यदि जो व्यापक अध्ययन इसकी वर्तमान गति से आगे बढ़ाया जाता है तो इस सदी के अन्त तक हमारे पास पृथ्वी पर प्रत्येक जनजातीय कबीले का विस्तृत वर्णन होगा।

अध्याय 5 में सन्ताल परम्परा के दिये गए वर्णन को बाढ़ का एक विकृत वर्णन माना जा सकता है।

तातारी के माध्यम से हक ने तातार के अनुभवों का वर्णन किया है जो उन्हें उस समय हुए जब वे नोआ और उसके तीन बेटों, शेम, हैम और जैफेट के इतिहास का अध्ययन कर रहे थे। क्योंकि उन्होंने कहा था, "हम तीन लोगों से पैदा हुए हैं, जो एक ही व्यक्ति के बेटे हैं, लेकिन इन बेटों से क्रमशः मंगोलों, तातार, और चीनी लोगों के परिवार निकले हैं।"

---

1. बेकन ने कहा है—"दर्शनशास्त्र का कम ज्ञान व्यक्ति को नास्तिकता की ओर ले जाता है, और इसकी गहराई व्यक्ति को धर्म की तरफ वापिस लाती है।"

मैं समझता हूँ कि हक के कथनों से हम अनुमान लगा सकते हैं कि घुमन्तू तातार जनजातियों की परम्पराएँ बहुत-सी घटनाओं से प्रभावित हैं। लेकिन जैसा कि बुद्ध के अनुयायियों की तरह, उनके और हिन्दुओं के मिथकों में भी समानता है।

मैं सन्तालों की परम्पराओं को अधिक शुद्ध और पवित्र मानता हूँ, क्योंकि सन्तालों ने कभी भी लामाओं, बौद्धों, या ब्राह्मणों जैसी शिक्षा ग्रहण नहीं की जिसे वह विस्तृत कर सकता था और अपने मिथकों में परिवर्तन कर सकता था। एक अलग नस्ल के रूप में सन्तालों के पास हिन्दुओं से अधिक प्राचीन होने का स्वरूप है, हालाँकि मनुस्मृति को 800 ई.पू. लिखा गया था। मैं मानता हूँ कि एक बालक की तरह भटक रहा हूँ, और मैं वहाँ भटक रहा हूँ जहाँ देवता भी जाने से डरते हैं, लेकिन मानव की उत्पत्ति का अध्ययन एक रोमांचक विषय है, जिसका आकर्षण बढ़ता जाता है।

लेकिन दूसरी ओर उक्त परिकल्पना को असत्य मानते हुए आइए दूसरी अवधारणा की ओर चलें, और अपने अनुसन्धान को बाद के काल में ले चलें, उस काल में जब यह अनुमान लगाया गया था कि फिलिस्तीनी लोग ऐडोमाइट्स के साथ मिल गए थे और उन्होंने फिनिशियनों को फिलिस्तीन से बाहर कर दिया था, जिसे न्यूटन, यहूदी डेविड के शासन में हुआ मानते हैं, और जो मल्किन के अनुसार एथेंस की स्थापना के तीस वर्ष बाद हुआ था। तब हम पाएँगे कि पलायनकर्ताओं ने मिस्त्र और फिनिशियन तत्त्व यूनानी पूजा में शुरू किया। इतिहास हमें यह सोचने पर मजबूर करता है कि जो प्राचीन यूनानी पेलास्जियन थे उनका धर्म बाद में मिस्त्रवासियों और फिनिशियनों के सम्पर्क में आने से विकृत हो गया था।

मल्किन कहता है कि फिनिशियन अज्ञात देवताओं की पूजा करते थे, जिससे यह सम्भव है कि उनके पेलास्जियन पूर्वजों ने एशियाई धर्म को छोड़ दिया था।

भारत की जनजातियाँ चाहे यूनान से आई हों या किसी दूसरे स्थान से, यहाँ उनके परिवार एशिया में किसी मूल कारणों से अन्य जगहों पर फैल गए, यह मेरा अध्ययन करने का क्षेत्र नहीं है।

मेरा मानना है कि ऐतिहासिक कथनों को अच्छे स्त्रोतों से लिया जाता है, जैसे मैंने ऊपर बताया है, सन्तालों और कुछ प्राचीन मानव जातियों के मिथकों में समानता है (यदि हम यूनानियों और सन्तालों के बीच सम्पर्क को मानते हैं)। सन्ताल जनजातियों और इजराइल की जनजातियों में एक समानता है, वह समानता है बारह की संख्या का समान होना।

अलग-अलग प्रभावित हुए कुछ विचारों की एकरूपता पर टिप्पणी करते हुए मैं मानता हूँ कि मैं यहाँ पर पेले के विचारों का उल्लेख करना चाहूँगा। वे कहते हैं—

"यदि हम किसी भी तर्क में देखते हैं कि दो विचार एक ही उदाहरण देते हैं तो विकल्प की विभिन्नता तर्क की शक्ति को दर्शाती है, क्योंकि यह उदाहरणों की संख्या और प्रतिस्पर्धा को दर्शाती है।

यह ध्यान देना पड़ेगा कि मैं उक्त कथन को एक तर्क के रूप में नहीं लिख रहा हूँ, बल्कि केवल एक मान्यता के रूप में लिख रहा हूँ। ये प्रश्नों की एक शृंखला है जिसके लिए अधिक फुरसत, कौशल, सन्दर्भों, व्याख्याओं की आवश्यकता होगी।"

अध्याय : 10

संस्कृत, भाषा की बड़ी बहन, लेकिन स्रोत नहीं - शुद्ध प्राचीन भाषा को समझने के लिए आवश्यक शर्तें - सन्ताल उन शर्तों को पूरा करते हैं—क्या कभी वे गुलाम रहे थे? - वे गुलाम नहीं थे यह सोचने के पीछे कारण - सम्मानसूचक शब्द - महाजन और सन्ताल के बीच का उदाहरण - वर्णनों की अद्‌भुत प्रणाली - भाषा की जड़ों का विश्लेषण - उन पर टिप्पणियाँ।

हालाँकि संस्कृत को अधिकतम सभ्य भाषाओं की बड़ी बहन माना जाता है। लेकिन इसे एक मातृभाषा नहीं कहा जा सकता, जब तक हम यह नहीं मानते कि मानव सभ्यता का विकास निरन्तर प्रक्रिया का परिणाम नहीं है और यह एक अचानक हुआ कार्य है। इस विचार को प्रस्तुत करना अधिक सभ्य और सम्पूर्ण है। यह घुमन्तू नस्लों के लिए बहुत विस्तृत है, जहाँ से मानव की पहली पीढ़ी उत्पन्न हुई है, ऐसा माना जाता है। मैं यह कहने का साहस करता हूँ कि प्राचीन जनजातियों के कुछ अवशेषों के बीच ऐसे अस्तित्व का पता लगता है जो सभ्यता के विकास से पहले का है। हम भाषा को इसके प्राचीनतम और परिशुद्ध रूप में पाते हैं। और यह भाषा, संस्कृत की तुलना में जैसा कि हमें ज्ञात है, अधिक तेजी से फैली है। जिन जनजातियों में अपना विस्तार करने की क्षमता रही है, उनमें अधिक सभ्य आक्रमणकारियों से प्रभावित होने की क्षमता भी रही है, और उनकी कद-काठी इतनी मजबूत रही है कि जो उन्हें खतरनाक जंगलों में रहने के योग्य बनाती है, जहाँ दुश्मन उन्हें मार नहीं सकता था, विजेता उनका दमन नहीं कर सकते थे, और जबरदस्ती उनकी भाषा का विनाश नहीं हो सकता था—मेरे विचार से उक्त शर्तों को पूरा करनेवाली प्रजाति के बीच हम प्राचीन और विशुद्ध बोली की खोज करते हैं।

सन्ताल इस प्रकार की जनजाति की विशेषताएँ रखते हैं। मुझे पता है कि कुछ विद्वानों ने कहा है कि सन्ताल मूल रूप से दास थे, लेकिन मुझे इसका

कोई आधार नजर नहीं आता। मुझे 1832 से पहले इस प्रकार का कोई वर्णन नहीं मिलता। और मेरे विचार से दासता की संस्था अपेक्षाकृत नवीन है, जिसकी शुरुआत महाजनों ने की, जिन्होंने मूर्खतावश कर्जदार और साहूकार के प्राचीन रोमन कानूनों की नकल की। सन्ताल लोगों की स्वतंत्रता और सत्य की भावना इस विचार के प्रतिकूल है।

किसी व्यक्ति को सम्मान और प्रेम दिखाने के लिए सम्बोधन करने का उनका तरीका हिन्दू और पर्शियन लोगों की भाषाओं की तरह सजावटी नहीं है, उदाहरण के लिए 'दुनिया की पनाह', 'सूर्य की रोशनी, ब्रह्मांड का शासक' इत्यादि शब्दों की बजाय वे केवल 'माँ-बाप' कहकर सम्बोधित करते हैं। पूजनीय अभिव्यक्ति के रूप में इसका दोहरा महत्त्व है, और यह शब्द इस विचार को अभिव्यक्त करने के लिए सही है। प्राचीन एरियन भाषा में राजा और रानी को पिता और माता कहा जाता था, और जब एक सन्ताल सम्मान और आदर प्रकट करना चाहता है तो वह दोहरा सम्मान देता है जब वह पिता और माता कहता है। जब उसे नापसन्दगी दिखानी होती है तो वह एक व्यक्ति को 'शैतान का दादा' कहता है। उसके विचार से 'शैतान का दादा' कम गाली है और 'आप शैतान हैं' का अर्थ है कि बोलनेवाला सुननेवाले से थोड़ा आहत है।

'गरीब' के लिए 'भूखा' शब्द का इस्तेमाल किया जाता है, उनकी भाषा में 'भूखा' शब्द 'गरीब' का वर्णन करता है और हमारे लिए भी इसका यही अर्थ होता है। जब वे कहते हैं कि वह भूखा है तो उनका कहने का अर्थ यह है कि वह गरीब है। मैं उनकी भाषा में किसी दूसरे शब्द को नहीं जानता जो गरीब के लिए प्रयोग किया जाता है।

शुद्ध सन्ताल गिनती बीस पर रुक जाती है। बीस के बाद उनके पास एक संकर विधि है, लेकिन मेरी राय में उनकी भाषा उस समय बनी जब उनकी दस उँगलियाँ और पैर की उँगलियाँ सभी उद्देश्यों के लिए गिनने के लिए पर्याप्त थीं और बीस तक संख्याओं को परिशुद्ध कहा जा सकता है।[1]

उनके खातों की प्राचीन प्रणाली का रख-रखाव या तो रस्सी पर गाँठ बाँधकर या दस-दस के बंडलों में घास के तिनकों को बाँधकर किया जाता था। सौ का हिसाब रखने के लिए दस-दस के तिनकों के दस बंडल बाँधकर रखे जाते थे।

मैं हैरान था जब मैंने महाजन और सन्ताल के बीच लेन-देन को समझने की कोशिश की, जब मैंने उन्हें उनके खाते दिखाने के लिए कहा। एक के वकील ने टेबल पर एक विस्तृत बही खाता रखा, जिसमें लाल कपड़े में बँधा एक रोजनामचा

1. श्रीमान फिलिप्स की टिप्पणी, उनके 'व्याकरण और सन्ताल संख्याएँ' का पृष्ठ 53

शामिल था, और जिसमें 75 प्रतिशत की दर से चक्रवृद्धि ब्याज का हिसाब किया गया था। एक अन्य ने अपने बालों से एक गन्दा हो चुका गाँठ लगा घास का तिनका निकाला और इसे टेबल पर फेंक दिया, और न्यायालय से इससे गिनने का आग्रह किया, क्योंकि यह उसके लिए बहुत लम्बा हो चुका था। प्रत्येक गाँठ का अर्थ था एक रुपया। दो गाँठों के बीच एक लम्बे स्थान का अर्थ था एक वर्ष का समय।

यहाँ मुझे यह भी कहना होगा कि यदि कर्ज उचित है तो सौ में से पंचानबे सन्ताल कर्ज लेने की बात को स्वीकार करेंगे। वे केवल इसलिए आते हैं कि न्यायालय उनके हिसाब-किताब को आसान तरीके से समझाए ताकि वे जान सकें कि उन्हें कितना भुगतान करना है। न्यायालय को हमेशा लगता था कि महाजन उनसे प्रत्येक पैसा लेता रहा है, और प्राय: वह धान और अनाज के रूप में कर्ज से तीन गुणा ले लिया करता था, जिसे सन्ताल 'पिता और माता' के प्रयोग से प्राप्त करता था।

श्रीमान फिलिप्स अपने व्याकरण में कहते हैं कि सम्बोधन में यह शब्द पूरी तरह बदल जाता था। मेरे पिता का अर्थ है बाबा। मैंने कुछ भाषाओं के वर्तमान काल की 'है' क्रिया लिया और उनकी तुलना सन्ताली भाषा से की। जिसका परिणाम परिशिष्ट में दिया गया है, जो सभी देशों की भाषाओं की शब्दावली में है।

अध्याय : 11

जन्म के समय किए जानेवाले अनुष्ठान - बच्चे का शुद्धिकरण - बच्चों के साथ व्यवहार में दयालुता - आभूषण - महिलाओं द्वारा पहने जानेवाले आभूषणों का भार - महिलाओं की मुक्त एवं आसान शैली- उनका पहनावा - फूलों के प्रति उनका प्रेम - उनके बुनकर, केवड़, या लोहार, और बढ़ई।

लुसिना को सन्ताल की दुनिया में आगमन के अनुष्ठान की अध्यक्षता करने में कोई परेशानी नहीं है। जन्म की घोषणा होने के तुरन्त बाद दोस्त, सगे-सम्बन्धी और रिश्तेदार बधाइयाँ देते हैं, और जन्म के पाँचवें या सातवें दिन एक परिशुद्धता अनुष्ठान किया जाता है जिसमें बालक के सिर का मुंडन करना शामिल है। ऐसा करने तक किसी भी शिकार या जंगल की यात्रा करना उचित नहीं माना जाता। कई गाँवों में तो इस पर मनाही होती है।

जब पवित्र करने का कार्य पूरा हो जाता है तो गाँव के महिला और बच्चे जो घर में इकट्ठा हुए हैं, को पत्ते का एक दोना चावल का पानी मिलता है जिसमें निम्बरी के पत्तों को मिलाया जाता है। इसके बाद वे सभी घर में बनी हँड़िया पीते हैं और चले जाते हैं।

पाँचवें दिन बालक का नाम रखा जाता है। यदि यह एक बेटा और वारिस होता है, तो उसका नाम उसके दादा के नाम पर रखा जाता है। यदि वह दूसरा बेटा है तो उसका नाम उसके नाना के नाम पर रखा जाता है। तीसरे बेटे का नाम उसके दादा के भाई के नाम पर रखा जाता है, और चौथे बेटे का नाम उसके नाना के भाई के नाम पर रखा जाता है। यही विधि लड़कियों के नाम के लिए अपनाई जाती है। उनका नाम भी महिलाओं के अनुक्रम में रखा जाता है। मुझे बताया गया कि एक जन्म पर तीन बच्चे सामान्य बात है लेकिन ऐसा मामला मेरे व्यक्तिगत संज्ञान में नहीं आया।

बच्चों के साथ दोनों अभिभावक बड़े प्रेम से व्यवहार करते हैं। मैंने कभी भी किसी बच्चे को पीटते हुए नहीं देखा और यदि माँ मर जाती है तो बालक को किसी विवाहित महिला द्वारा पाला जाता है, जो प्राय: पति के परिवार की होती है। लड़कों और लड़कियों को अलग-अलग सुलाया जाता है और यदि अखबारों की खबरों पर विश्वास करें तो शालीनता के लिए उनकी सामान्य व्यवस्था इंग्लैंड में निर्धन वर्ग से कहीं अधिक है।

सबसे पहले बालक को उसकी कमर में धागा पहनाया जाता है। यह धागा तीन या चार वर्ष की आयु तक पर्याप्त रहता है, और यह दोहरा उद्देश्य पूरा करता है, क्योंकि यह उसको अधिक खाने से रोकता है। मैं यह देखकर हैरान हुआ कि एक चार साल का बालक बहुत अधिक उबले हुए चावल खाता है। जैसा कि श्रीमान वैलर कहते हैं, एक बालक को अपनी आँखों के सामने खाकर फूलते हुए देखा जा सकता है, और यदि उसकी कमर पर बँधा धागा उस पर नियंत्रण नहीं रखता तो वह अपने पेट में चावल ठूँस सकता है। कमर पर बँधा यह धागा शायद पर्याप्त मात्रा[1] की याद दिलाने के लिए ही बाँधा जाता है।

वे अपने बच्चों के गले में तावीज बाँधते हैं और युवक सफेद और काले मनकों की तीन या चार मालाएँ पहनते हैं। वे अपनी बाजुओं पर एक छोटे कांस्य का कुलचिन्ह पहनते हैं और अपनी कलाइयों में हल्के कड़े पहनते हैं। अधिकतर महिलाएँ गहनों को पसन्द करती हैं, जिनमें वे बहुत सुन्दर लगती हैं। वे अपनी नाक में पीतल की नथनी पहनती हैं। लेकिन वह भारी और अधिक संख्या में गहनों को पसन्द करती हैं न कि गुणवत्ता और कड़ाई किये गए गहनों को। जब उन्हें चूड़ियों और पायलों के रूप में 5 पौंड वजन के आभूषण मिलते हैं तो वे बहुत खुश होती हैं, और इन्हें वे खेतों में या नृत्य के दौरान पहनती हैं और इनसे उन्हें कोई बाधा महसूस नहीं होती। वे अपने बालों में फूल लगाना भी पसन्द करती हैं। किसी एक सहायक आयुक्त के बगीचे में बाजार के दिनों के दौरान महिलाओं द्वारा हमला किया जाता था जो आती थीं और फूल तोड़ती थीं। पर्याप्त मात्रा में फूल तोड़ने के बाद वे आराम से उसके घर में घुसती थीं और उसके आईने के सामने खड़ी होकर श्रृंगार करती थीं, कुछ भी बुरा नहीं सोचती थीं और किसी से नहीं डरती थीं। घर के मालिक को मजबूरन जबरदस्ती उन्हें घर से निकालकर दरवाजा बन्द करना पड़ता था। उनका व्यवहार बहुत उन्मुक्त होता है, लेकिन यह उन्मुक्तता उनके भोलेपन की है। वे हिन्दुओं की तरह अजनबियों को सामने घूँघट नहीं करतीं। लेकिन वे पोशाक और व्यवहार में अधिक पवित्र होती हैं।

---

1. आमतौर पर इस धागे से एक चाबी बँधी रहती है जो एक गहना या खिलौना होता है।

मैं केवल हिन्दुओं के निम्न वर्ग की बात कर रहा हूँ, जो अपने चेहरे को ढकने का प्रयास करती है जबकि उसकी पूरी आकृति प्रदर्शित होती है और हमेशा ऐसा प्रतीत होता है मानो वह बनावटी व्यवहार कर रही हो।

अपनी परम्पराओं में वे कहते हैं कि उनके पुरखे विशालकाय थे। वर्तमान में उनके परिधान बहुत ही मोटी सामग्री के बने होते हैं। पुरुषों के परिधान हिन्दुओं की धोती की तुलना में लम्बाई में थोड़े कम होते हैं। लेकिन सन्ताल औरतें अपनी कमर पर और कंधों पर कपड़ा लपेटकर अपने शरीर को ढकती हैं। यह उन्हें उनके घुटनों से गर्दन तक ढक देता है, और कपड़े का सिरा पीछे लटकता है। उनका सिर, बाजुएँ, और उनकी पीठ का अधिकतर हिस्सा बिना ढका रहता है। वे अपने चमकदार और रूखे बालों को बाँधती हैं।

उनकी जनजाति में बुनकर होते हैं और प्रत्येक बगीचे में कपास का पौधा देखा जा सकता है, वह कपास जिसे कातना परिवार की औरतों की जिम्मेदारी होती है। बिना दाँतों वाली एक बूढ़ी दादी द्वारा परिवार के अन्तिम सदस्य को आते हुए देखना आम बात है, जबकि वह चरखा कातती रहती है।

प्रत्येक आदमी अपने आप में एक बढ़ई होता है, और उनकी सभी चीजें, बैल गाड़ी से लेकर सूअर के बाड़े तक प्राचीन हैं। व्यापार का थोड़ा सा ज्ञान उनकी आवश्यकताओं के लिए पर्याप्त है।

लोहार या केवड़ प्राय: हिन्दू होते हैं जो सन्ताल बन चुके हैं, जिसका अर्थ यह है कि उन्होंने सभी जातियों को छोड़ दिया है क्योंकि सन्तालों में जातियाँ नहीं होतीं।

अध्याय : 12

ठंड का मौसम - सुबह की सवारी - खुशमिजाज दृश्य - सड़क - एक सन्ताल गाँव - गाँव का विवरण - माँझी सदन - ह्रदय से स्वागत - गाँव का नजारा - पंचायतें और उनके निर्णय - द्वंद्वयुद्ध की प्राचीन प्रथा - सन्ताल शिशु - सन्ताल घर की आन्तरिक व्यवस्था - उनके खाना पकाने का यंत्र - प्राचीन कहानी, दरोगा का स्वैच्छिक व्यवहार, और उसके पीड़ित व्यक्ति की मृत्यु - परिणाम

ठंड के मौसम में शिविर लगाना, सूर्योदय के थोड़ी देर बाद, सन्ताल गाँव की ओर घुड़सवारी करना काफी आमोद की बात है, जब थर्मामीटर अक्सर 48° तक कम होता है, और तेज हवा आपके रगों में ऊर्जा का संचार करती है। आनन्ददायक धूप में चमकता जंगल, जो पत्तों पर ओस की बूँदें लटकी होती हैं, वे इस तरह से चमकती हैं मानो हीरे जड़े हों। शिविर के कुत्तों का शोर सुनाई देता है। तम्बुओं को गाड़ने के लिए लोहे के खूँटों को ठोकने की आवाज आती है जो अभी भी कानों में गूँजती है। प्रकृति मुस्कराती हुई प्रतीत होती है, और जब सड़क पर घुड़सवार दिखाई देता है, जो इतना चौड़ा है कि केवल एक गाड़ी उस पर चल सकती है, और इसके किनारों पर साल की झाड़ियाँ हैं, और एक शान्त साफ क्षेत्र दिखाई देता है—जो एक साफ ग्रामीण बस्ती है।

सन्तालों की ये बस्तियाँ स्वच्छता का प्रतिमान हैं, और वे सड़कें दोनों किनारों पर बीस या तीस घरों से बनी हैं। वे नारियल की डाल और मिट्टी से बनी हैं। एक-दूसरे के पास जमीन में साल की लकड़ी गाड़कर बनाई गई हैं। बाँस की पतली खपच्चियों से बुनी गई हैं, और पूरी दीवार को मिट्टी गोबर से लीप दिया गया है। इसे सूखने दिया जाता है, और इसके बाद इस पर सफेदी की जाती है। छत बाँसों की बनी होती है जिस पर लम्बी जंगली घास ढक दी जाती है। दीवार के एक तरफ घर के सूअरों के लिए एक बाड़ा होता है, और घर के पीछे एक आँगन होता है, जिसमें छोटी झोंपड़ियाँ होती हैं जिन्हें गोबर से नहीं लीपा जाता।

इन झोंपड़ियों के दरवाजे अन्दर की तरफ खुलते हैं, जिनको वे पशुओं को रखने और अनाज के भंडार के रूप में धान रखने के लिए इस्तेमाल करते हैं। यदि घर का मालिक इतना गरीब होता है कि वह इस प्रकार से घर की चारों दीवारों का निर्माण नहीं कर सकता है, तो वह पेड़ की टहनियों को गाड़कर अपना घर बना लेता है। इन घरों में आमतौर पर एक बरामदा होता है, जिसकी छत के नीचे उनका ढोलक, और सूखा चमड़ा लटकता रहता है, और शिकार के लिए उनके औजार रखे होते हैं। उनके पास सीमित साजो-सामान और रसोई के बर्तन होते हैं, और उनके पास केवल चार पायों वाली कुछ चारपाइयाँ होती हैं। वे अपनी चारपाइयों को घास से बुनते हैं। ये प्राचीन चारपाइयाँ सभी आकारों की होती हैं। अमीर सन्ताल लोगों के पास खाना पकाने के लिए कुछ पीतल के बर्तन होते हैं लेकिन बहुत-से घरों में पीतल के बर्तनों के स्थान पर मिट्टी के बर्तनों का प्रयोग किया जाता है। वे अपने दोने और पत्तलें जंगलों से प्राप्त करते हैं, जो कि जंगल उन्हें प्रतिदिन मुहैया कराता था। बड़े ताजा पत्तों को इकट्ठा करना औरतों और बच्चों की जिम्मेदारी है। इनको वे कांटों से जोड़ देते हैं और एक बड़ी थाली का रूप देते हैं जो गोल होती है। उनके घर में बनी हँड़िया को वे हमेशा पत्तों के दोनों में पीते हैं।

यदि एक अजनबी उनसे पानी माँगता है, और सन्ताल के पास एक पीतल का कप है तो पत्ते का कप नहीं दिया जाता, बल्कि पीतल के कप को तुरन्त साफ किया जाता है और मिट्टी के घड़े से पानी निकालकर उसे दिया जाता है। उनका चूल्हा जमीन में गड्ढा खोदकर बनाया जाता है, और उसमें से निकली मिट्टी से उसके चारों ओर दीवारें बना दी जाती हैं, और उसे पानी से गीला कर दिया जाता है। इसे सख्त बनने दिया जाता है और इस पर वे खाना पकाने के लिए अपनी कड़ाही रखते हैं। अन्दर का पूरा भाग आग से निकलनेवाले धुएँ से काला न हो, इसलिए कुछ लोग चिमनी भी बनाते हैं। एक अच्छी पत्नी अपने बर्तनों को चमकता हुआ रखती है, और ज्यों ही वह अपनी सास और बच्चों की सहायता से उन्हें साफ करती है, वह साल की टहनियों से बनी झाड़ू से घर और घर के सामने सड़क को साफ करने का काम करती है। उस समय पति या तो पड़ोसी से बात कर रहा होता है या अपनी मवेशियों को चराने के लिए ले जा चुका होता है।

गाँव के माँझी या मुखिया के घर के सामने माँझी सदन का घर होता है, या उसके पूर्वजों का मन्दिर होता है। जहाँ तक मुझे पता चला, गाँव के मुखिया के पास पूर्वजों की आत्माओं के आराम के लिए व्यवस्था करने का एकाधिकार होता है। यह उठा हुआ मिट्टी का एक टीला होता है जिस पर एक छप्पर डाल दिया

जाता है। फर्श पर मिट्टी और गोबर लीप दिया जाता है। फर्श के बीच में एक पत्थर या लकड़ी का टुकड़ा गाड़ दिया जाता है जिस पर लाल रंग किया जाता है। छत से एक पानी का मटका लटका दिया जाता है ताकि पूर्वजों की आत्माएँ उसे पी सकें, और इसके बगल में मोर का सिर लटका होता है। एक बार मैंने सीबू से पूछा कि वे आत्माओं के लिए पानी कैसे डालते हैं, जब उनके पूर्वजों ने अपने जीवन भर पानी नहीं हँड़िया का सेवन किया। उस बूढ़े आदमी ने इस प्रश्न पर कुछ देर तक विचार किया, और इसके बाद चुपचाप कहा, कि यदि मटकों में हाँड़ी या पुछवाई माँझी सदन के पास होती तो उसकी आत्मा मरने के बाद उसके पास मँडराती रहती।

ऐसा माना जाता है कि माँझी के पूर्वज उनके वंशजों के हित के लिए आते हैं। यहीं पर गाँव के बूढ़े लोग अन्य किसी महत्त्वपूर्ण मामलों में इकट्ठे होते हैं। यहाँ पर वे विवाह तय करते हैं, अपनी फसलों पर बात करते हैं, और चुड़ैल के मामलों की जाँच करते हैं। यदि कई गाय जादू-टोने से मर जाती है, किसी बालक को दौरे पड़ते हैं, या किसी व्यक्ति को बुखार हो जाता है, और उसे लगता है कि उस पर बुरी आत्मा का प्रभाव है, तो गाँव के लोग चुड़ैलों को खोजनेवाले को बुलाते हैं और समस्याओं का समाधान करवाते हैं। मैं जादू-टोने के मामलों को छोड़ रहा हूँ क्योंकि वे अनुचित हैं और प्राय: उनमें हत्या की जाती है।

जब भी कभी भूमि सम्बन्धी कोई विवाद होता है, या फसलों के बँटवारे, दहेज, आदि का विवाद होता है तो विवाद में शामिल लोग दो, तीन या पाँच दोस्तों के नाम रखते हैं जिनमें प्राय: गाँव के सम्मानजनक लोग शामिल होते हैं। वे दस लोगों की पंचायत या परिषद् आयोजित करते हैं। एक निर्धारित दिन पर सभी पक्ष इकट्ठे होते हैं, और धैर्य से ध्यानपूर्वक सबूतों की जाँच की जाती है, जो अधिक सभ्य न्यायिक संस्थान के बराबर होता है वे बहुत कम गलत निर्णय देते हैं।

अधिकतर मामलों में दोनों पक्ष चले जाते हैं, और न्यायकर्ता के निर्णय को स्वीकार करते हैं। यदि ऐसा होता है कि एक पक्ष जो गलत होता है और वह पंचायत के फैसले को नहीं मानता तो पीड़ित व्यक्ति जिला न्यायाधीश के पास मामले को दायर कर सकता है। यह पछतावा होता है कि पंचायत द्वारा उनके मामलों का निर्णय किये जाने के लिए उन्हें प्रोत्साहित नहीं किया जाता। क्योंकि बहुत-से सहायक आयुक्तों ने देखा है कि वे कैसे रिवाजों, औचित्य निर्णय को मान लेते हैं, और याचिकाकर्ता का समय बच जाता है।[1]

1. मैंने सुना है कि कमिश्नर श्री एलोंजो मनी ने आदेश दिया है कि इन पंचायतों को प्रोत्साहित किया जाना चाहिए।

सन्तालों में सालों से विवादों को निपटाने की परम्परा रही है, जब दोनों पक्ष पुरुष होते हैं, तो उन्हें द्वंद्व युद्ध की परीक्षा से गुजरना होता है। इन देहाती द्वंद्वों के लिए पिस्तौल और तलवार के स्थान पर तीर और धनुष होते हैं। इस प्रकार के मामले किसी एक पक्ष के लिए खतरनाक होते हैं, लेकिन कुछ समय से कुछ निष्पक्ष उपाय किये जाने लगे हैं जिससे इस असभ्य युग का अन्त हो गया है। मैंने सुना है कि एक समय पर कोल भी एक गलती के दंड के रूप में द्वंद्व युद्ध को पसन्द करते थे।

यह कथन डॉ. एंडर्सन द्वारा प्रयोग किया गया था, जो कोलकाता में महानिरीक्षक थे जिन्हें पच्चीस साल पहले देवघर में मन्दिर के एक पुजारी के विरुद्ध एक हास्यास्पद आरोप की जाँच करने के लिए भेजा गया था।[1] उक्त व्यक्ति ने कुछ समय स्थानीय लोगों की आदतों और रिवाजों का अध्ययन करते हुए गुजारा और इसके बाद द्वंद्व युद्ध के नियम पर टिप्पणी करते हुए इसे भूतकाल की बात कहा, लेकिन इसकी परम्परा का ज्ञान उन्हें देवघर में हुआ था।

हम एक अच्छी पत्नी द्वारा सड़क सफाई करने का वर्णन कर रहे थे, और अब हम मान सकते हैं कि वह घुड़सवार असंख्य कुत्तों, बकरियों, और सूअरों जो कि गाँव के मुहाने पर जमावड़ा लगाये रहते हैं के द्वारा गिराए जाने पर अपनी गर्दन तुड़वाने के जोखिम से बच गया है, और छह मील के बाद वह माँझी सदन के पास सुरक्षित पहुँच गया है। शोर और खड़खड़ाहट प्रत्येक बाशिन्दों को उसके दरवाजे पर ले आए और वे खड़े थे, मोटे पेट वाले बच्चे औरतों को घेरे हुए खड़े थे, मुस्कराते हुए और बातें करते हुए पुरुष अधिक गरिमापूर्ण थे, लेकिन सभी सहायता करने के लिए खुश और उत्सुक थे।

किसी लेखक ने कहा है कि खुश रहने की चाह में खुशी की चाहत को प्राप्त किया जा सकता है, और अपनी भावनाओं से मैंने देखा है कि इसमें सच्चाई है। एक स्वागत अभिवादन से खुशी होती है, लेकिन असभ्य अधिक प्रणामी होता है, या स्वागत की उसकी शक्ति को सीमित करता है।

हम घोड़े को सहजन के पेड़ के नीचे खड़ा करने की सोच रहे थे—जो गाँव में सड़क के किनारे पर था—और एक युवक हमें अपने साथ ले गया, जो वहाँ उपस्थित बच्चों की नजर में एक नायक बन गया था। जो की नंग-धड़ंग अवस्था में उस पशु के खुरों की खतरनाक पहुँच के आस-पास गिरते-पड़ते खेल रहे थे।

1. पुजारी को नापसन्द किया जाता था, उनके विरुद्ध बंगाली प्रवृत्ति का एक आरोप लगाया गया; हालाँकि यह विस्तृत और उचित था, लेकिन यहाँ पर इसका वर्णन करना उचित नहीं होगा।

बैठने के लिए एक चारपाई को लाया गया, सुबह हुक्का पीने के लिए आग जला दी गई, एक माँझी कुछ अंडे ले आया, दूसरा दो मुर्गे ले आया, गाँव का एक सन्ताल प्रामाणिक कुछ दूध ले आया, जबकि दूसरे शिविर लगाने के लिए जगह को साफ करने लगे। बड़े सफेद कुत्ते के पास लड़कियों का जमघट लग गया, जो आकर्षण का केन्द्र थी, वह आराम से चुपचाप बैठी हुई थी और लड़कियाँ उसे सहला रही थीं। वृद्ध लोग साहब के चारों ओर जमीन पर बैठ गए और खेमा आने तक बातचीत में लग गए।

मुझे यह समझने में कुछ समय लगा कि एक ऐसे बक्से को चार लोग क्यों उठा रहे थे, जिसे एक आदमी आसानी से उठा सकता था। एक दिन मुझे याद है मैं एक गाँव में बैठा हुआ था, और मुझे बताया गया कि सालों पहले जब उनके लिए अंग्रेज सरकार का दूसरा नाम डकैत, फिरौती, और पुलिस के माध्यम से हिंसा था और प्रदेश उनके अधिनियम था, सन्ताल जिले से गुजरते समय एक कलेक्टर ने दरोगा या पुलिस इंस्पेक्टर को अपना सामान जल्दी लाने को कहा। उसके नीचे काम करनेवाले अधिकारी को जो पहला आदमी मिला उसने उस आदमी को पकड़ा, जो एक बूढ़ा और कमजोर व्यक्ति था, और उसे बिना खाना खाए ही उस भारी वजन को चौदह मील ले जाने के लिए भेजा। वह पीड़ित इस कार्य को पूरा नहीं कर पाया और रास्ते में ही मर गया। पुलिस ने यह मामला दबा दिया और कलेक्टर[1] को इसके बारे में कुछ पता नहीं चला। इस दुर्घटना का वर्णन सन्ताल क्षेत्र में फैल गया, और हालाँकि यह कहा जाता है ऐसा तब हुआ जब वर्तमान के बुजुर्ग उस समय युवा पुरुष थे। लेकिन जब भी अंग्रेज सरकार की कोई सम्पत्ति को ले जाना हो तो, आज भी पूरे कबीले में एक आदमी का वजन चार आदमियों द्वारा ले जाने की परम्परा जारी है। लेकिन वे चार लोगों के पारिश्रमिक की अपेक्षा नहीं रखते, और यह प्राय: उन्हें मिलती भी नहीं है।

1. मैंने सुना है कि वह क्लेक्टर मर चुका है।

अध्याय : 13

सिमरा में शिविर - शादी का निमंत्रण - रात को अनुष्ठान - दुल्हन और दूल्हा - अजीब रिवाज - विवाह में नृत्य - गाँव में स्वागत - सन्ताली युवती की सुन्दर तस्वीर - दूल्हे के छोटे भाई के द्वारा निभाई जानेवाली भयप्रद रीति-रिवाज - विधवाओं के सम्बन्ध में प्रथा - वैवाहिक टोकरी - शिविर में वापसी - विवाह में रात्रिभोज - महिलाओं द्वारा गाए गए गीत।

सिमरा, जिसे राजमहल की पहाड़ियों में सबसे स्वस्थ और निश्चित तौर पर सबसे गरम स्थान माना जाता है, में शिविर के दौरान बूढ़ा सीबू एक सुबह आया और अपने भतीजे के विवाह का निमंत्रण दिया, जो सोलह साल का एक लड़का था। यह समारोह पास के गाँव में शाम को होना था। साथ ही उसने यह संकेत दिया कि यदि माता और पिता एक बोतल जिन या ब्रांडी साथ लेकर आते हैं तो उसकी उपस्थिति कम स्वीकार्य नहीं होगी। ज्योंही घाटी में अँधेरा होना शुरू हुआ, शादी का उपहार (एक बोतल ब्रांडी) और स्वयं पीने के लिए सिगार का एक बंडल लेकर, जो सन्तालों के शरीरों से आनेवाली बदबू से भी बचाएगी, मैं अपने खेमे से निकला और ढोलक की आवाज की दिशा में चल पड़ा, जो पहाड़ियों में गूँज रही थी। जल्दी ही मैं उस स्थान पर पहुँच गया। आने के बाद मैं अपने मोटे दोस्त के पीछे बैठ गया जो नृत्य करनेवालों के साथ हिल रहा था। जब मैं वहाँ खड़ा था तो मैंने अपने घुटनों पर किसी के हाथों का स्पर्श महसूस किया, और पाया कि कुछ बच्चे उस शोर से डर गए थे। भीड़ में से निकल पाने में असमर्थ पाकर वे जो भी कुछ मिले उससे चिपकने की चाह में मुझसे चिपक गए। नजदीक ही सीबू ने ठहाका लगाना शुरू कर दिया था, सौभाग्य से एक महिला ने रास्ता बनाया और वह उन्हें ले गई। मैंने बच्चों के हाथों में एक-एक सिगार मजे से चबाने के लिए दिया। इसी बीच नाचनेवाले जिनमें बीस या तीस पुरुष थे, जो हाथ में एक गदा या तलवार लिये हुए थे और एक काली ढाल लिये हुए थे जो भैंस की खाल

की बनी थी—उन्होंने गले में काले और सफेद मनकों की मालाएँ पहन रखी थी। उनकी छाती और कमर भी सीपों से सजी हुई थी, उनके बालों में मोर के पंख बँधे थे। वे वैवाहिक नाच कर रहे थे। वे एकरूपता के साथ नाच रहे थे। उनके शरीर की गतिविधियाँ कमाल की थीं। ढोलक बड़ी जोर से बजाये जा रहे थे और रोमांच बढ़ गया था। जब एक नर्तक थक गया तो वह बैठ गया और उसके स्थान पर दूसरा आ गया और इस प्रकार कभी खत्म न होनेवाली प्रक्रिया चलती रही।

नाचने के दौरान, दुल्हन जो कि एक मोटी और भरे हुए शरीर की थी वह लगभग चौदह वर्षीय थी। वह पोशाक पहने हुए थी और उसका चेहरा और पैर ही दिखाई दे रहे थे। वह दूल्हे के पास आकर खड़ी हो गई, जो खुद भी भारी-भरकम कपड़े पहने हुए था। वह लगभग उससे एक वर्ष बड़ा था, और अधिक लज्जालु था जबकि उसकी दुल्हन सामान्य थी। दूल्हे का छोटा भाई जो इस दृश्य में एक महत्त्वपूर्ण अभिनेता था, दक्षिण की तरफ खड़ा था और पूरी बारात सड़क पर गाँव के प्रवेश द्वार पर खड़ी थी। यहाँ पर हमें गाँव की औरतों की एक भीड़ मिली, जिनमें से प्रत्येक के पास एक पीतल की परात थी जिसमें गुड़ का ढेला रखा था जिसका आकार क्रिकेट की गेंद जितना था, और एक लोटा पानी था। वे सभी नीचे झुककर और तीनों के पैरों को छूकर अभिवादन कर रही थीं। बूढ़ी औरतें आगे आईं, और प्रत्येक ने बारी-बारी से थोड़ा गुड़ लिया और पहले दुल्हन के मुँह में डाला और उसके बाद लोटे में से पीने के लिए पानी दिया और उसके बाद थोड़ा पानी उनके पैरों पर डाला। यही विधि दूल्हे और उसके भाई के साथ भी की गई। नाचना और संगीत जारी रहा, और कई मशालें जला दी गईं। इनकी चमक से दृश्य और अधिक प्रचंड हो गया था। जब अन्तिम टुकड़ा भी उसके गले में डाल दिया गया तो भीड़ से तीन सुदृढ़ औरतें निकलकर आईं, और दूल्हे, उसके भाई, और दुल्हन को अपने कूल्हों पर गोदी कर अपने साथ गाँव में ले गईं। उनके पीछे अन्य लड़कियाँ और महिलाएँ चल रही थीं, जो दुल्हन के साथ ठिठोली कर रही थीं। वह चुप थी, एक हाथ से अपने वस्त्र को अपने मुँह पर ढक रही थी और दूसरे हाथ से उसे उठाकर ले जाने वाली महिला की गर्दन को पकड़े हुए थी। नाचनेवालों ने अपना नाच बन्द कर दिया और हम सभी सफेदी किए गए घर में चले गए। इसकी दहलीज पर एक युवा और आकर्षक युवती खड़ी थी जिसके हाथ में एक जलता हुआ दीया था जिसकी रोशनी में उसकी आँखें हिरणी की तरह चमकती हुई दिखाई दे रही थीं। वह उनके आने का इंतजार कर रही थी। उसका पूरा रूप एक कलाकार को पेंसिल से चित्र बनाने के लिए एक अच्छा विषय प्रदान कर रहा था। उसके पीछे अन्य औरतें खड़ी थीं जो मार्ग को अवरुद्ध किए हुए थी।

यहाँ पर उन महिलाओं ने उन्हें नीचे उतार दिया, और उसके बाद गुड़ खिलाने और पैर धोने की रस्म फिर से की गई और इस प्रकार पूरे गाँव के घरों में उन्हें ले जाया गया और यही रस्म पूरी की गई। ऐसा लगता है उस दिन के बाद दूल्हे ने गुड़ खाने से मना कर दिया होगा।

पूछने पर मैंने पाया कि दोनों तरफ के रिश्तेदार इस बात का ध्यान रखते हैं कि नये जोड़े का आदर और प्रेम के साथ स्वागत किया जाए।

इन सभी रस्मों को पूरा करने में आधी रात हो गई। तब बारात गाँव के मुखिया के घर चली गई। दुल्हन को एक टोकरी में बैठा दिया गया जहाँ वह बहुत लज्जाशील दिखाई दे रही थी। इस रस्म के दौरान दुल्हन के रिश्तेदारों द्वारा उसे टोकरी में उठाना होता है। दुल्हन अपने सबसे बड़े भाई के कंधों पर बैठ गई जहाँ वह बहुत खुश नजर आ रही थी, और अपने माथे पर लाल रंग की पाँच रेखाएँ बनाती है। यह भाग पूरे कार्यक्रम का सबसे महत्त्वपूर्ण हिस्सा है। यह उसी प्रकार से है जहाँ हमारे यहाँ अँगूठी पहनाई जाती है इसके बाद उस पर धान और अनाज की बौछार की गई। यह टोकरी प्राचीन यूनानी विवाह में एक अहम वस्तु क रूप में अधिकारिक है, लेकिन मैं सोचता हूँ कि उसमें केवल दुल्हन की पुष्प माला और फूल रहते हैं, उसका पूरा शरीर नहीं।

माँझी के घर में विवाह का खाना तैयार किया गया था, और उसमें बकरे, सूअर, और मुर्गे का मांस, इत्यादि शामिल था। साथ ही चावल भी बना था। मिट्टी के घड़ों में मदिरा भरी गई थी, जिसे चावल से बनाया जाता है जिसे 'पुछवाई' कहते हैं।

मैंने हैरानी से दूल्हे के भाई के उसकी होनेवाली भाभी के साथ परिचय को देखकर टिप्पणी की। मुझे बताया गया कि यह सन्तालों का रिवाज है कि दूल्हे का अविवाहित भाई अपनी भाभी का चेहरा देखता है। जिसने मुझे यह बताया था, उसने मुझ पर हैरानी दिखाई, और अपने कंधे उचकाए और कहा, 'माता और पिता' यह हमारा रिवाज है; जैसा हमारे पूर्वज करते थे, वैसा ही हम करते हैं।

जब बड़ा भाई मर जाता है तो उससे छोटा भाई उसकी विधवा, बच्चों और सारी सम्पत्ति का वारिस बन जाता है। यदि एक सन्ताल दस भाइयों में सबसे छोटा है, और नौ अपनी विधवाओं को छोड़कर मर जाते हैं, तो वह छोटा भाई नौ बूढ़ी औरतों का पति होगा और अपने बुढ़ापे में उसके पास एक बड़ा परिवार होगा। बड़ा ही विस्मयकारी विवरणिका!

कई लोगों को हँड़िया का नशा हो गया था, क्योंकि उनके पैर लड़खड़ा रहे थे और उनकी आँखें लाल हो गई थीं। मैंने सोचा कि वहाँ से चलना ही बेहतर है और अन्त में मैं दो या तीन दोस्तों के साथ वहाँ से जाने में सफल हुआ।

खेमे तक मेरी यात्रा भी कठिनाई से भरपूर थी, बिजली की चमक ने अँधेरे को और भी अन्धकारमय बना दिया था, और मैं अपनी यात्रा के दौरान लड़खड़ाया, पेड़ों से टकराया, और फिर खुले में आ गया। तब मुझे सफेद तम्बू दिखाई दिये और मैं वहाँ पहुँचा।

सन्तालों में यदि एक व्यक्ति अविवाहित रह जाता है तो उसे महिला और पुरुष दोनों नापसन्द करते हैं, और उसे एक चोर की श्रेणी में या एक चुड़ैल की श्रेणी में रखा जाता है : वे उस व्यक्ति को 'आदमी नहीं है' कहते हैं।

सन्ताल प्रेमियों की शादी करने के दो अन्य तरीके भी हैं। एक स्कॉटलैंड के प्रचलन जैसा है। यह तरीका सोहराय के त्योहार पर अपनाया जाता है। त्योहार खत्म होने के बाद यदि एक प्रेमी लड़का किसी लड़की को अपने घर पर ले जाता है तो रस्म को पूरा करने के लिए जुर्माने की रकम देनी पड़ती है। दूसरा तरीका रोमांचक है जिसमें लड़का, लड़की को भगाकर ले जाता है। जब लड़की के माता-पिता को यह पता चलता है तो वह उस लड़के के घर जाते हैं और जबरदस्ती एक गाय, बैल या कुछ बकरियाँ, या सम्पत्ति ले लेते हैं। इसके बाद लड़की सन्ताल समाज में एक पत्नी बन जाती है।

बूढ़ा सीबू कहता है कि ज्यादातर लड़कियों को भगाकर हीं ले जाया जाता है क्योंकि जब भयभीत माता-पिता अपनी किसी बेटी को प्रेम में देखते हैं तो तुरन्त प्रेमियों की इच्छा पूछ ली जाती है। इस प्रकार विवाह के प्रारम्भिक चरण में ही उनकी तरफ ध्यान चला जाता है और शादी हो जाती है।

ऐसे अनुष्ठान से पहले लगातार तीन दोपहर को 'जोग माँझी' या गाँव का तीसरा अधिकारी गाँव वालों को बुलाता है और विचार विमर्श करता है। इस प्रक्रिया के दौरान हँड़िया पी जाती है और तीसरे दिन शादी की रस्म पूरी की जाती है।

सन्ताल एक ही जनजाति में शादी नहीं करते। दो जनजाति ऐसे हैं जो प्राचीन विवाद के कारण आपस में शादी नहीं करते। एक है हांसदा और दूसरा है मुरमुरी जनजाति।[1] इन अनुष्ठानों में उनके नाच और गानों को देखना बहुत ही आनन्दमय लगता है।

इस रात को लेखक को नींद नहीं आई। क्योंकि जब पुरुषों को नशा हो जाता था और वे नाच और गा नहीं सकते थे तो औरतें उनका स्थान ले लेती थीं, और भोर होने पर मैं अपनी चारपाई पर गया और लेट गया।

---

1. मेरा मानना है कि विवाद मुरमुरी कबीले के साथ था; लेकिन मैं गलत भी हो सकता हूँ।

गीत-1

वे कहते हैं पुराने समय में बहुत-से लोग अमीर थे,
मेरी छोटी बहन!
उनके घरों में चारों तरफ छतें थीं और लकड़ी की
मजबूत बाड़ थी, मेरी छोटी बहन,
जबकि मेरा घर पक्षी के घोंसले जैसा है जिसके छोटे
तरफ एक दरवाजा है।

गीत-2

छन्द-1

दस महीने तक तुम मेरे पेट में थी, और
बारह माह तक मैंने तुम्हें अपने घुटनों पर बैठाया;
अब मैं तुम्हें कैसे छोड़ सकती हूँ? ओह मेरी बेटी,
घर दरवाजे तक लोगों से भरा है।

समूह गीत

दस महीने तक तुम मेरे पेट में थी, और
बारह माह तक मैंने तुम्हें अपने घुटनों पर बैठाया;
अब मैं तुम्हें कैसे छोड़ सकती हूँ? ओह मेरी बेटी,

छन्द-2

ओह माँ, दया करके मुझे मत जाने दो!
मैं तुम्हें कैसे छोड़ सकती हूँ?
खड़ी हो जाओ, मेरी बेटी, और जाओ,
तिलयाका में अमीर आदमी का घोड़ा है जिस पर काठी है
और लगाम है।
ओ मेरी प्रिय माँ, मैं तुम्हें कैसे छोड़ सकती हूँ?

छन्द-3

मेरे पिता को मुट्ठी भर पैसे मिले हैं, और एक लम्बे सींगों वाला बैल,
मेरी माँ के पास एक धारीदार पोशाक है।
मुट्ठी-भर पैसे खर्च किए, मेरी माँ की धारीदार पोशाक पुरानी हो गई।
लम्बे सींगों वाला बैल झरने में मर गया।

छन्द-4

मेरे माथे पर बार-बार लाल रेखाएँ लगी हैं,
मैं हमेशा के लिए परायी हो गई हूँ।

गीत-3

मेरे बड़े भाई के देश में मैंने परेशानियाँ देखी हैं—परेशानियाँ;
मेरी बहन के घर में, साफ पानी देखा है। हाँ साफ पानी।
बगीचे में केले के पेड़ इधर-उधर हिल रहे हैं;
मक्का के खेत में, मस्कोरु पेड़ के फूल हैं;
पुठी मछली का आनन्द लेने के लिए मैं हल्दी को
खोदूँगा-हल्दी को खोद कर निकालूँगा।
कनखजूरा ने मुझे काट लिया है उसमें हल्दी डालो।
अपने बालों को कंघी करो, छत के नीचे अपने बालों
को गुँथों प्यारी लड़की।
मेरी दो छोटी बहनो, मेरे लिए ताजे कपोल पत्ते चुनो,
मै कहता हूँ। तुम मेरे लिए ताजे कपोल पत्तों को चुनो।
दोपहर को उन पत्तों को बीनकर पत्तलें बनाओ।
मेरा भाई कहता है, मैं पशुओं को चराने जाऊँगा, मैं
खेती नहीं करूँगा।
जहाँ लम्बे-लम्बे घास उगते हैं वहाँ मैं बाँसुरी बजाऊँगा।
क्या मैं बाँसुरी बजाऊँ या फिर शहनाई?

गीत-4

छन्द-1

तुम्हारे रिश्तेदार आ गए हैं और आकर बैठ गए हैं,
ओ, घर के बेटे।
सबसे पहले मचिया और बैठने के तख्ते लेकर आओ,
(छोटे तख्ते, प्रत्येक व्यक्ति के लिए एक)
इसके बाद हमें लोटे में पानी दो।
हुक्का लाओ, पत्तों से बने बीड़ी लाओ, दुल्हन का पिता कह रहा है।
तुम सभी, खाओ और पियो, मेरे दोस्तों!

छन्द-2

ओ, रिश्तेदारों जो पहाड़ियों और घाटी से आए हैं,
मैं प्रत्येक को बैठने की प्रार्थना करता हूँ (बेटा कहता है)
तुम क्या चुनते हो, आप में से प्रत्येक? तुम क्या पसन्द करते हो?
आप नवागन्तुक, मैं आपसे प्रार्थना करता हूँ, मैं तुम्हें सूखे चावल देता हूँ।
और मुझे ताजा निकाला हुआ दूध परोसने दो।
(यहाँ दूल्हा चिल्लाता है)
मैं परवाह नहीं करता, मेरे बेटे, यह सूखा चावल, और मैं इस ताजा दूध की परवाह नहीं करता।
आह! बूढी माँ, अपनी बेटी को लाओ!
अपनी बेटी को लाओ!

छन्द-3

एक हार, एक हार, एक सोने का हार, एक चाँदी का मछली पकड़ने का काँटा, ओ बाबा!
एक चाँदी का मछली पकड़ने का काँटा हमेशा के लिए ओ बाबा!
एक सोने का हार हमेशा के लिए।

चाँदी का मछली पकड़ने का काँटा पेड़ से बँधा है, ओ बाबा!
एक सोने का हार तुम्हारे पास है ओ बाबा
मछली पकड़ने का चाँदी का काँटा किसने बनाया है?
सोने का हार किसने बनाया है?
मछली पकड़ने का काँटा किसका है? सोने का हार भगवान ने बनाया है;
भगवान ने भी चाँदी का मछली का काँटा बनाया है—चाँदी का मछली पकड़ने का काँटा!

गीत-5

चलो आम और ताड़ के पेड़ लगाएँ, मेरे भाई!
चलो मेरे भाई एक तालाब को चारों ओर से घेर लेते हैं, जिसे हम याद रख सकते हैं।
और किनारे पर कदम के पेड़ पर
पक्षी गाए।
गन्दे पानी के पास पेड़ में पक्षी का घोंसला है।
पहाड़ से अबाबील खेत में मिट्टी के ढेलों पर उतरता है।
उस छोटे पक्षी को सुना, मेरी भाभी,
दोपहर के भोजन के समय वह कूकता है।
राजा को बाहर जाते हुए और वापिस आते हुए सूरज देखता है।
टंडारा के राजा ने मेरे गेरुए रंग के कपड़ों में मेरा स्वागत किया,
नाले के किनारों पर, मेंढक टरटराते हैं।
मैंने कोई साँप को नहीं देखा
ब्राह्मणी नदी के किनारे पर।
बगुला झींगों को खाता है;
मैंने इसे भी नहीं देखा है।

अध्याय : 14

सन्ताल विद्रोह की उत्पत्ति और कारण - महाजनों का अत्यधिक लालच - पुलिस का भ्रष्टाचार - सरकारी अधिकारियों की उदासीनता - कानूनी न्यायालयों की अपर्याप्तता - सन्तालों की अपव्ययिता - गुलामी का संस्थान - मुंसिफों की अयोग्यता - व्यक्तिगत गुलामी की अन्यायपूर्ण प्रणाली - इस प्रणाली को खत्म करने में श्री रोबिन्सन द्वारा किया गया कार्य - प्रणाली का विश्लेषण - सन्तालों से न्यायालयों की दूरी, और वकीलों का भ्रष्टाचार - विद्रोह से पहले बुरे संकेत - औरंगाबाद में माननीय एशले इडेन द्वारा उठाए सक्रिय कदम - सरकार का विरोध - सन्ताल मुखियाओं द्वारा जारी सनकी परवाना - हमारी सेना द्वारा भारी प्रतिशोध - विद्रोह के परिणाम - पहाड़ी - एक बंगाली का अनुभव - श्री एच. और उनके तीन बेटों का उदासी भरा अन्त।

सन्तालों ने जुल्म को सहा। उन्होंने ब्रिटिश सरकार के हाथों होनेवाले शोषण से मुक्ति के लिए विद्रोह किया। तब से बारह वर्ष हो चुके हैं। ऐसा लगता है कि उन्होंने कलकत्ता के निवासियों में भय उत्पन्न कर दिया था।

1856 के विद्रोह के प्रारम्भिक कारणों को 1832 में देखा जा सकता है। इन्हें संक्षिप्त रूप में निम्न शीर्षकों के अन्तर्गत वर्णित किया जा सकता है : पहला—महाजनों या साहूकारों के इस जनजाति के साथ लेन-देन में हड़पनेवाली और लालच की भावना। दूसरा—कर्ज के लिए व्यक्तिगत और वंशानुगत दासता के कारण बढ़ती हुई पीड़ा। तीसरा—महाजनों की सहायता करने में पुलिस के द्वारा भ्रष्टाचार और फिरौती का इस्तेमाल करना। चौथा—न्यायालयों से सन्तालों को उचित न्याय न मिल पाना। अन्त में, सन्तालों का अपव्ययिता और लापरवाह जीवन-निर्वाह करना। मेरे विचार से ये सभी कारण मूल रूप से विद्रोह के प्राथमिक कारण हैं।

जैसा कि पहले कहा गया है और यह तर्क भी दिया जाता है कि सन्ताल हमेशा गुलाम थे, और उनके बीच दासता का प्रचलन बहुत प्राचीन है। लेकिन ऐसा

लगता है कि इसकी शुरुआत महाजनों ने की थी, जो इस प्रचलन को आसपास के क्षेत्रों से लेकर आए थे।

लेकिन ऐसा प्रतीत होता है कि 1832 से मुंसिफ महाजनों के पक्ष में मुकदमों का निर्णय करने लगे थे, जिसके लिए अनुबन्ध तैयार किया जाता था जिसकी शर्तें इस प्रकार होती थीं : "...रुपये प्राप्त करने की एवज में मैं यह कर्ज (जब भी मुझे ऐसा करने के लिए कहा जाए) 40 और 75 प्रतिशत की दर से ब्याज चुकाने का वचन देता हूँ।" इस समझौते में समय अवधि का कोई महत्त्व नहीं होता था, और कर्ज लेनेवाले के हस्ताक्षर के रूप में एक तीर का निशान या लापरवाही से कोई अन्य निशान बनाया जाता था। दस में से नौ मामलों में वे पढ़ और समझ नहीं सकते थे कि वे किस पर हस्ताक्षर कर रहे हैं, और उन्हें जरा सा भी ज्ञान नहीं होता था कि वे अपने बच्चों के लिए विनाश के बीज बो रहे हैं। यह अनुबन्ध इतना मूल्यवान था कि जब भी महाजन अपने स्वयं के खेत को तैयार करवाना चाहता था, या फसल को कटवाना चाहता था, तो वह तुरन्त अपने दुर्भाग्यशाली कर्जदार को दबोचता था, और उसे अनिवार्य रूप से लाभहीन और दोगुना काम करवाता था; सन्ताल का समय बिना भुगतान के महाजन के खेतों की देखरेख में गुजरता था इसलिए उसकी खुद की जमीन बंजर पड़ी रहती थी या उसकी फसल सही समय पर न काटने के कारण सूख जाती थी। यह दुष्टता इस प्रकार की पराकाष्ठा तक पहुँच गई थी कि एक मुंसिफ के लिए यह आदेश देना आम बात थी कि एक दादा का कर्ज एक पोते को उतारना होगा, और उस कर्ज के बारे में पोते को ज्ञान ही नहीं होता था, या जो कभी लिया ही नहीं गया होता था। बहुत-से मामलों में निचले न्यायालय भी घोर लापरवाही और जालसाजी के दोषी होते थे।

बंगाल लोक सेवा के श्रीमान ली एफ. रोबिन्सन ने इस अमंगल की तरफ सरकार का ध्यान दिलाने की कोशिश की, और वह इसमें तब तक सफल नहीं हुए जब तक कि शोषण का यह साधन खत्म नहीं हो गया। उनका नाम आज उन लोगों के द्वारा सम्मान और कृतज्ञता के साथ लिया जाता है जिनका उन्होंने भला किया। यहाँ पर मैं दासता पर उनके विचारों का जिक्र कर रहा हूँ—

"इसे कमियोती* कहा जाता था लेकिन यह सन्तालिया या सन्तालों तक सीमित नहीं था। मेरा मानना है कि यह किसी-न-किसी रूप में आपको लगभग पूरे देश में मिलता है। लेकिन सन्तालिया में यह बहुत बुरा है। एक व्यक्ति ने पैसा उधार लिया और इसके लिए एक अनुबन्ध किया, जिसके अनुसार उसे अपने साहूकार

---

* बँधुआ मजदूरी की प्रथा।

के लिए जरूरत के समय बिना पारिश्रमिक के काम करना पड़ता था। साहूकार को उसकी आवश्यकता फसल काटने के समय पर और साल के दूसरे समयों पर पड़ती थी, जब कर्जदार कहीं अन्य जगह पर काम करके पैसा कमा सकता था, और जब काम की मन्दी होती थी तब साहूकार को अपने दास की सेवाओं की आवश्यकता नहीं होती थी। वह किसी अन्य स्थान पर कुछ नहीं कमा सकता था; उसे केवल भोजन मिलता था, और कई बार साल में एक कपड़ा मिल जाता था। चूँकि ब्याज अग्रिम लिया जाता था, इसलिए कर्जदार कभी भी कर्ज को नहीं उतार सकता था; ब्याज 25 प्रतिशत से कभी भी कम नहीं होता था। प्राय: इससे कहीं अधिक होता था। कर्जदार के मर जाने के बाद उसका बेटा, बेटी या अन्य नजदीकी रिश्तेदार उसके कर्ज को चुकाने के लिए जिम्मेवार होते थे, और मामला पुराने मुंसिफ कोर्ट में आता था तो प्राय: उस अनुबन्ध को पूरा करने का आदेश दिया जाता था। कर्ज चाहे कितना भी पुराना क्यों न हो या चाहे इसे किसी ने भी तैयार किया हो। एक बार मैंने एक अनुबन्ध को अपने पास मँगवाया जिसमें एक आदमी ने मूल रूप से 25 रुपये उधार लिये थे और इसके बदले में उसे जीवनभर काम करना पड़ा, उसके बेटे ने भी ऐसा ही किया, और मैंने उसके पोते को बरी किया। यह तीस वर्षों से चल रहा था, यदि मुझे ठीक से याद है तो! जब भी मुझे कोई शिकायत मिलती थी, तो मैं उधारदाता को अनुबन्ध पत्र प्रस्तुत करने के लिए कहता था और इसे जब्त कर लेता था या फाड़ देता था, और कर्जदार को रेलवे में काम करने के लिए भेज देता था। 1858 में पूरे मामले की जानकारी बंगाल सरकार को दी गई।"

महाजन का लालच अभी भी दिखाई देता है जब उनके पास कोई जाता है। वे मूल रूप से बुरे हो सकते हैं, लेकिन उनके द्वारा अमंगल करना उनके अच्छे से कहीं अधिक पसन्द किया जाएगा। वे स्वयं की जाति या देश के लोगों की सम्पत्ति को नहीं हड़पते, लेकिन बंगाली महाजन की एक सन्ताल के साथ सौदेबाजी एक धूर्त और एक लापरवाह मूर्ख के बीच मुकाबला होता है। यह इस प्रकार की लड़ाई है जिसमें एक तरफ भेड़िया और दूसरी तरफ मेमना है।

जब इस पर विचार किया जाता है कि एक पुरानी नियम प्रणाली में एक कम वेतन प्राप्त करनेवाला दरोगा या देशी पुलिस इंस्पेक्टर जिसके पास लगभग बीस सिपाही होते थे, बिना किसी यूरोपीय या सम्मानित देशी निरीक्षण के बिना रहता था, या नाम मात्र के निरीक्षण में रहता था; यह हास्यास्पद था। जिले में अंग्रेज अधिकारी साल में केवल एक बार आता था और जल्दबाजी में रहता था। जब ये इंस्पेक्टर भ्रष्टाचार के कारण बदनाम होते थे, और साहूकारों के हाथों में खेलते थे, यह हैरानी की बात नहीं है कि सहज विश्वासी, भावुक, और

अधिक न सोचनेवाले सन्ताल अपनी आजादी के लिए विद्रोह में खड़े हो गए। छोटी राशि उच्च ब्याज पर उधार देना महाजनों का रिवाज था, और वे कर्जदारों की सम्पत्ति को लूटने के लिए पुलिस को सहायता के लिए शुल्क देते थे, जो उनका रिवाज था। इस प्रकार के जुल्म के लिए न्याय पाने के लिए पीड़ितों को कीचड़ और जंगल में से पैदल 80 से 150 मील दूर जाना पड़ता था और वहाँ वे भागलपुर या देवघर में हाकिम को शिकायत करते थे। याचिका दायर करने पर और अमला को रिश्वत देकर और देशी न्यायालय के एजेंटों को शुल्क देने के बाद काम के बोझ से दबे कलेक्टर का आदेश दरोगा को यह होता था कि शिकायत पर विवरणी भेजी जाए, और यह विवरणी पन्द्रह दिन में या तीन सप्ताह में आती थी। यह कल्पना की जा सकती है कि महाजन रिश्वत देता था और कभी भी पारदर्शी विवरणी नहीं भेजी जाती थी। सन्ताल इधर-उधर भटकता रहता था। उसे उसकी सुनवाई की तिथि का पता नहीं होता था। उसे न्याय बहुत महँगा पड़ता था और उसके ट्रेन में बैठने से पहले ही निर्णय दे दिया जाता था। भारी दिल से वह अपने घर लौट आता था। वहाँ उसके बच्चे और पत्नी भूखे मर रहे होते थे। उसका घर बर्बाद हो चुका होता था, और उसके मवेशी और हल छोटे से कर्ज को चुकाने में बिक जाते थे, जो बहुत-से मामलों में चक्रवृद्धि ब्याज के कारण बहुत अधिक हो जाता था। महाजन अपने पीड़ित को काम करते हुए देखता था। उसके अनाज के भंडार भरे होते थे। वह एक रुपये का सौ लेता था और प्राय: झूठा दावा करता था। जब इस प्रकार के शोषण का उपचार नहीं हुआ, जब उन्होंने देखा कि उनकी मेहनत बेकार जा रही है, और सरकारी वर्दी पहने लोग महाजनों की सहायता कर रहे हैं, जब मीलों की यात्रा पूरी की जा चुकी थी, और उन्हें हाकिम के पास शिकायत करने के लिए पैदल जाना पड़ता था, और जब उनके दावों की अनदेखी कर दी गई या उन्हें खारिज कर दिया गया, तो हैरानी की बात नहीं है कि उन्होंने हथियार उठा लिये। जब एक संकेत के रूप में शाल के पेड़ की शाखा को गाँव-गाँव भेजा गया तो यह पूरी मेहनती जनजाति एक व्यक्ति के रूप में खड़ी हो गई। क्योंकि उन्हें सरकार में कोई विश्वास नहीं था जिसे केवल पुलिस के माध्यम से देखा जाता था, और महाजनों के साथ उनके झगड़े में सरकार को अन्यायी समझने के अनेकों कारण थे। इस प्रकार मशाल जलाई गई जिसने सारे सन्ताल प्रदेश को जला दिया, जिसमें कुछ यूरोपीय लोगों की जान भी गई और हजारों सन्ताल मारे गए, और यह आग केवल तभी बुझी जब हमारी सेनाओं ने सन्तालों के बहुत-से गाँव और खेत जला दिये और वे लोग भूखे मरने लगे और उन्होंने आत्मसमर्पण कर दिया।

इस विद्रोह के जो कारण बने और उसके बाद सन्तालों की शिकायत को दूर करने के लिए असक्रियता, और विद्रोह के बाद सख्त कार्यवाही भारत में ब्रिटिश इतिहास पर एक काला धब्बा है।

विद्रोह शुरू होने के काफी समय पहले असन्तुष्टि के संकेत मिल गए थे और निवारण के लिए प्राधिकार से निवेदन किया गया था। लेकिन पूर्व के उदाहरण में जहाँ भी विद्रोही भीड़ इकट्ठी होती थी, वहाँ उन्हें गैर-कानूनी करार दिया जाता था, और उन पर कड़ी कार्यवाही की जाती थी, जबकि शिकायतों के निवारण के लिए कोई आवश्यक छानबीन नहीं की गई, या लोगों के बीच असन्तुष्टि और उनके शोषण की कोई जानकारी नहीं दी गई।

जिम्मेवार प्राधिकार की तरफ से यह आपराधिक अनदेखी का कारण केवल यह हो सकता है कि वे उन लोगों और उनकी भाषा से इतने अनजान थे कि उन्हें इसका पता उस समय चला जब ज्वालामुखी फटनेवाला था। किसी भी कीमत पर कोई कार्यवाही नहीं की गई, कोई सेना नहीं बुलाई गई, और उनकी शिकायतों पर कोई छानबीन नहीं की गई, जब तक साल की शाखाओं को वितरित नहीं कर दिया गया और माँझी सदन ने मौन नहीं रखा, और युद्ध के स्थान की घोषणा नहीं कर दी गई। विद्रोही बलों को इकट्ठा किया गया, और लूट और मौत का काम आरम्भ हुआ। इस विरोध को रोकने के लिए शीघ्र ही उपाय किये गए।

25 जून, 1856 को या इसके आसपास जब औरंगाबाद में रहनेवाले नील की खेती करनेवाले जमींदार के कुछ नौकर, जो नील के उत्पादन के लिए कुलियों को इकट्ठा करने के लिए सन्ताल प्रदेश में गये थे, आतंकित होकर अपने मालिक के पास लौट आए। उन्होंने बताया कि उन्हें हथियारबन्द सन्तालों के एक विशाल समूह के द्वारा घेर लिया गया था, जिन्होंने उन्हें तुरन्त सेवा छोड़ने की चेतावनी दी, क्योंकि जिन लोगों ने उन्हें पीड़ित किया था उनसे उन्हें बदला लेना था, विशेष रूप से महाजनों और सरकारी अधिकारियों से। उन्होंने पहले ही हर उस पुलिसमैन, दरोगा, या महाजन को मारना शुरू कर दिया था जो उन्हें पहले मिलता था।

उस नील की खेती करनेवाले जमींदार ने तुरन्त इसकी सूचना माननीय एशले इडेन के पास भेजी जो उस समय औरंगाबाद मैजिस्ट्रेसी के प्रभारी थे। यह सरकार के हितों में, और जान-माल की सुरक्षा के लिए था इसलिए यह सूचना तुरन्त मिल गई। उसके पास एक योजना बनाने और उसे लागू करने के लिए ऊर्जा थी जिसने जंगीपुर, मुर्शिदाबाद और आसपास के क्षेत्र को लूटने से बचाया। सभी उपलब्ध सैनिकों के लिए बेहरामपुर में द्रुतगामी भेजने के बाद उसने पड़ोसी जमींदारों के पास परवाने भेजे ताकि लड़ने के लिए लोग इकट्ठे किये जा सकें

और विद्रोहियों का सामना किया जा सके। इस लामबन्दी ने सन्तालों को वापिस मोड़ दिया जिन्हें अपनी शक्ति पर सन्देह था और उन्होंने इस क्षेत्र का विनाश करने का प्रयास नहीं किया। लेकिन उन्होंने अपनी लूटमार राजमहल, भागलपुर और देवघर मंडलों में और नोनी के क्षेत्रों में ही जारी रखी।

सन्तालों द्वारा सरकार के साथ पाशविकता का एक अजीब उदाहरण निम्न कहानी में वर्णित है जिसे उक्त नील के जमींदार द्वारा मुझे सुनाया गया था। ऐसा कहा जाता है कि सन्तालों ने एक बंगाली से नील के जमींदार के लिए एक परवाना लिखवाया। जिसमें सूचित किया गया था "कि चूँकि वे भी उनकी तरह किसान थे, यदि वे अपनी कारखानों में रहे और सन्तालों को रसद प्रदान किया, तो वे सुरक्षित रहेंगे।" यदि इस कहानी पर विश्वास किया जाए—और इसे एक अच्छे प्राधिकार द्वारा बताया गया था—यह साबित होता है कि इस जनजाति की विरोधी भावनाएँ केवल यूरोपीय लोगों के कारण पैदा नहीं हुई थी, और केवल सरकार और पुलिस के विरुद्ध पैदा हुई थी। मैं की गई हत्याओं और हमारी सेनाओं द्वारा लिये गए बदले का वर्णन नहीं करूँगा, क्योंकि मेरा ज्ञान सुने-सुनाए प्रमाणों पर आधारित है, जो कभी-कभी ही विश्वसनीय होता है। एक गुरिल्ला युद्ध का वर्णन करना ही पर्याप्त है जिसमें बहुत-से लोगों ने बलिदान दे दिया। युद्ध बन्द हो गया और 1858 के अन्त तक व्रिदोह को कुचल दिया गया।

इस काल के बाद सन्ताल बेघर और गरीब हो गए। उनके जनजाति का एक बड़ा हिस्सा मारा गया, और उनके गाँव और फसलें बर्बाद कर दिये गए। लेकिन उन्होंने हर उस एक महाजन को काट डाला जो उन्हें मिला, और वे अब वापस आने का साहस नहीं कर सकते थे। इसलिए कुछ हद तक सन्तालो एक अस्थायी उद्देश्य को प्राप्त कर चुके थे, लेकिन उन्हें इसकी एक बड़ी कीमत चुकानी पड़ी।

इस युद्ध में जनजातियों द्वारा कठोर साहस दिखाया गया। यद्यपि एक नस्ल के रूप में उन्हें हर प्रकार की विषैली वनस्पतियों का ज्ञान है जो उनके जंगलों में पर्याप्त मात्रा में है, और यद्यपि शिकार के लिए वे अपने तीरों को ऐसे जहर में बुझाए रखते हैं जो एक शक्तिशाली चीते को आधे घंटे में मार सकता है, फिर भी इन सभी के बावजूद सेनाओं के साथ लड़ते हुए उन्होंने इस प्रकार के हथियारों का प्रयोग नहीं किया। मुझे ऐसा कोई उदाहरण नहीं मिला जिसमें हमारे किसी आदमी या अधिकारी को जहर में बुझा तीर लगा हो। सन्तालों के साथ बातचीत के दौरान मैं प्राय: सोचता हूँ कि मैं उनसे प्रश्न पूछूँ कि उन्होंने जहरीले तीरों का प्रयोग क्यों नहीं किया, लेकिन मैं नहीं पूछता क्योंकि वे इसका प्रयोग प्रश्न पूछनेवाले पर ही कर सकते थे।

एकमात्र जनजाति जिसने विद्रोह से लाभ प्राप्त किया और कोई हानि नहीं उठाई, वह है पहाड़ी, जो पहाड़ी की चोटियों पर रहते हैं जिनकी तलहटी में सन्ताल खेती करते हैं। इन लोगों ने सन्तालों के समूहों का पर्याप्त दूरी से पीछा किया और सन्तालों द्वारा मार्ग में आनेवाले गाँवों में से लोगों को शान्तिपूर्ण ढंग से भगा देने तक इंतजार किया। जब गाँव वाले भाग गये तो उनकी अनुपस्थिति का फायदा उठाते हुए उन्होंने उनका सब कुछ लूट लिया।

मुझे एक बंगाली के इस विद्रोह के अनुभव को सुनकर हँसी आती है। वह सन्ताल सीमा के पास भागलपुर जिले में रहता था, और उसने वहाँ एक अच्छा घर बनाया था। उसके पास मवेशी, अनाज और अन्य उत्पादन था, लेकिन सन्ताल उसके गाँव से गुजरे और उसे वहाँ से भगा दिया। वह अपने परिवार के साथ जंगलों में छिप गया। उनके पीछे आनेवाले पहाड़ियों ने उसकी सम्पत्ति को लूट लिया और कुछ दिन के बाद वह वापिस लौटा। वह अपने आपको बधाई दे रहा था कि सब खत्म हो गया था, ब्रिटिश सेनाएँ भी आ गई थीं। उसके सांकेतिक भाषा में विवरण देने से सेना का एक छोर से दूसरे छोर पर फैल जाना और उसका बयाँ करना कि कैसे पूरे गाँव और उसकी सम्पत्ति को भी जला दिया गया।

टेला गुड़ी के पास एक उदास घटना घटी जिसमें श्रीमान एच. और उनके तीन बेटों की मृत्यु हो गई। इन लोगों ने सुना कि सन्तालों का एक समूह पास के एक गाँव में आ रहा है। वे उनका मुकाबला करने के लिए कुछ किराये के लोगों को लेकर निकले। लेकिन दोनों पक्षों के आमने-सामने आने पर यूरोपीय पक्ष के साथ आए स्थानीय लोग श्रीमान एच. और उनके छोटे बेटे को एक हाथी पर बैठे हुए और अन्यों को घोड़ों पर बैठे हुए छोड़कर भाग गए।

हाथी जो धीरे चलता है और भारी-भरकम होता है, एक झील या कीचड़ में भागा, और उस अवस्था में और बिना महावत या हाथी चालक के—क्योंकि वह भी भाग गया था—कुछ दुश्मनों ने श्रीमान एच. और उनके बेटे की खोपड़ियों को कुल्हाड़ी से चीर दिया जिन्हें पहले ही बहुत-से तीर लग चुके थे।

इस प्रकार की घटनाएँ अलग-अलग स्थानों पर हुईं, लेकिन मैं उनका विस्तार से वर्णन करके उन पीड़ित लोगों की भावनाओं को आहत नहीं करना चाहता।

अध्याय : 15

विद्रोह के सम्बन्ध में अधिकारियों और सरकार का व्यवहार - प्रारम्भ में रोकथाम के लिए उनकी उदासीनता - शोषण पर मि. इडेन की पहली चोट और आजादी की पहली किस्त - पुलिस व्यवस्था का उन्मूलन - विनियम और गैर-विनियम के बीच अन्तर - सहायक आयुक्तों की नियुक्ति - मि. युले द्वारा बनाए गए नियम - संकट के समय गैर-विनियामक अधिकारी नियामक अधिकारियों से अधिक सक्षम होते हैं - सन्तालों का विद्रोह न्यायोचित था - अधिकारियों और उनकी मेहनत का सही चयन।

हालाँकि विद्रोह से पहले जिम्मेदार अधिकारी सरकार को सूचित नहीं कर पाए, और उच्चतर प्राधिकार प्रारम्भिक कदम उठाने में लापरवाह रहा, यह दुर्भाग्यशाली था, फिर भी ज्योंही सरकार को संकट की गम्भीरता का पता चला तो न्याय और उदारता की भावना दिखाई गई जिससे पहले की कमियों की कुछ हद तक भरपाई हुई। सबसे पहले शोषण के उस साधन-पुलिस पर ध्यान दिया गया। माननीय एशले ईडेन को विद्रोह के प्रान्त में उपायुक्त नियुक्त किया गया। उसकी विवरणी आजादी की पहली किस्त थी, और शोषण पर एक प्रहार था जिसने खुशमिजाजी सन्तालों को हल्के में ले लिया था। उसकी सिफ़ारिश के द्वारा पूरी पुलिस को उनके स्टेशनों और शोषण, फिरौती और लालफीताशाही के साथ पूरी तरह से साफ किया गया, शान्ति बनाए रखने, अपराधियों को गिरफ्तार करने और कार्यकारी काम करने की जिम्मेदारी स्वयं ग्रामीणों को दी गई। प्रत्येक गाँव के मुखिया को इस बात के लिए जिम्मेदार बनाया गया कि सभी कार्य किए जाएँ। कुछ नियमित रक्षकों को केवल व्यक्तिगत सुरक्षा के रूप में रखा गया, और उपायुक्त की सुरक्षा के लिए रखा गया।

यह एक बुद्धिमत्तापूर्ण और राजनैतिक उपाय था। पुलिस संस्थान इसे पुराने शासन के अन्तर्गत बनाए रखते थे, बावजूद सुधार होने के। पुलिस को हमेशा

सन्देह और घृणा की दृष्टि से देखा जाता था। लेकिन नये बदलाव ने सन्तालों को शान्ति और सन्तुष्टि प्रदान की, और सरकार को राजस्व की प्राप्ति हुई।

श्रीमान ईडेन द्वारा लागू यह व्यवस्था श्रीमान जॉर्ज युले, सी.बी. के अन्तर्गत लागू किया गया और जिसके अच्छे प्रबन्धन के द्वारा सन्तालों को दुखों, निराशा, और सरकार के प्रति खतरनाक घृणा से मुक्ति मिली। उनमें सम्पन्नता और खुशी आई जो मेरे ज्ञान के अनुसार भारत के किसी दूसरे हिस्से में नहीं थी। विनियमन न्यायालयों को कम वेतन पर काम करनेवाले भ्रष्ट अमला और कपटी मूकटीयर से मुक्त बनाया गया जो जोंक की भाँति थे। और उनके स्थान पर कुछ सक्रिय अंग्रेजों को नियुक्त किया गया, जिन्हें सहायक आयुक्त कहा जाता था और जिन्हें श्रीमान युले द्वारा नियुक्त किया गया था। वे उस भ्रदपुरुष द्वारा बनाए गए नियमों के साथ सन्तालों के बीच गए जिनका सारांश इस प्रकार है—

सन्तालों और हाकिम अर्थात् उपायुक्त के बीच कोई बिचौलिया नहीं होगा।

सन्ताल की शिकायत को खुद उसके मुँह से धैर्यपूर्वक सुना जाएगा, बिना किसी लिखित याचिका या प्रभार के, और बिना किसी अमला के।

सभी आपराधिक मामलों को स्वयं ग्रामीण लोगों की सहायता से निपटाया जाएगा, जो आरोपी को गवाह के साथ हाकिम के पास लेकर आएँगे, जो तुरन्त उनके बयान लेगा, और अपराधी को कानून के अनुसार दंड देगा।

ये महत्त्वपूर्ण कानून उन लोगों द्वारा बनाए गए थे जो अपनी जिम्मेदारी समझते थे। युले के रूप में एक अच्छे मुखिया के साथ जो उनका शासक था, जिसके सख्त, उचित और भद्र व्यवहार ने उनको काम करने का इच्छुक बना दिया। उनके प्रयास सफल हुए, जो उन लोगों के लिए आशा से कहीं अधिक था जिन्होंने सन्तालों के दुखों को देखा था। गैर-विनियमन प्रणाली की पूरी भावना के साथ शुरुआत की गई और विनियमन को खत्म कर दिया गया। चूँकि दोनों के बीच अन्तर ज्ञात नहीं है, लेकिन मैं दोनों में कुछ महत्त्वपूर्ण अन्तरों का वर्णन करूँगा।

विनियमन वाले प्रान्तों में कानून को तकनीकी रूप से लागू किया जाता है, और पीठासीन अधिकारी के पास जाति या पक्षों के रिवाजों के अनुसार निर्णय को प्रभावित करने के लिए कोई विवेकाधीन शक्ति नहीं होती थी। गैर-विनियमन वाले प्रान्तों में सही अर्थों में समानता कानून की भावना के अनुसार लागू होती है। यह बिना किसी भारी-भरकम नियम, जटिल प्रक्रिया, या अधिक व्यय के लागू होती है। विनियमन वाले प्रान्तों में सहायक अधिकारी, और न्यायाधीश और कलेक्टर भी सरकारी यंत्र में एक पुर्जा होते हैं; जबकि गैर-विनियमन प्रान्त में सहायक और उपायुक्त के पास स्वतंत्र शक्तियाँ होती हैं, और वे अच्छाई और बुराई के लिए अधिक शक्तिशाली होते हैं। पहले वाले व्यवस्था में कम ऊर्जा और औसत

योग्यताओं वाला एक आदमी, या सकारात्मक भ्रष्ट गुणवत्ताओं वाला एक आदमी, बहुत-से प्रतिबन्धों में होता है, और उसका अपराध निम्नतम होता है, और उसकी अयोग्यता और भ्रष्टता लम्बे समय तक चलती रह सकती है। जबकि बाद वाले व्यवस्था में उसी योग्यता वाला एक आदमी गलत और शोषण का एक शक्तिशाली यंत्र होता है, और जल्दी ही उसका जिला इस प्रकार की अव्यवस्था की स्थिति में आ जाता है कि औसत रूप में न्यायोचित वरिष्ठ अधिकारी के पास उसे हटाने के अलावा और कोई चारा नहीं होता। जबकि उसकी अयोग्यता और बदनामी का तथ्य अधिक से अधिक ज्ञात होता जाता है, और लोगों की असंख्य पीड़ाएँ और अन्याय सामने आती हैं। हालाँकि गैर-विनियमन में दूसरी ओर एक बुरा आदमी कुछ समय के लिए अधिक हानिकारक और अन्यायी हो सकता है, लेकिन दूसरी ओर अपने कर्तव्यों का पालन करनेवाला एक सक्रिय, ऊर्जावान, और उच्च बुद्धि का व्यक्ति एक गैर-विनियमन की व्यवस्था में अधिक अच्छा कर सकता है, क्योंकि वह कम बंधन में होता है और उसके पास स्वतंत्र कार्य की अधिक शक्तियाँ होती हैं। घास बता देती है कि हवा किस तरफ की है और छोटी-छोटी कहानियाँ (यदि सत्य हों) तो सामान्य तौर पर लोगों की भावनाओं को गहरे सिद्धान्तों या ज्ञानी जाँचकर्ताओं से की अपेक्षा अधिक अच्छी तरह से व्यक्त करती हैं। दोनों व्यवस्थाओं में एक मुख्य अन्तर निम्नलिखित वर्णन से पता लगता है—

मैं मिदनापुर (विनियमन) में यात्रा कर रहा था जब श्रीमान हरशेल, जो स्थानीय लोगों का अच्छा दोस्त था, वहाँ का न्यायाधीश और कलेक्टर था। यदि विनियमन का कोई एक व्यक्ति प्रत्येक रैयत को जानता था तो वह यह व्यक्ति था क्योंकि उसकी सक्रियता और मानव कल्याण उनका कारण था, जबकि नील सम्बन्धी आन्दोलनों में जैसोर का न्यायाधीश एक तथ्य था : परन्तु मिदनापुर के एक निश्चित भाग में जहाँ कलेक्टर साहब से बातचीत की गई, तो उस समय मैंने पूछा—'कलेक्टर साहब का नाम क्या है?' मुझे कोई उत्तर नहीं मिला, बस इतना उत्तर मिला 'कलेक्टर साहब'। किसी भी ग्रामीण को किसी भी सरकारी अधिकारी की पहचान नहीं थी।

अदालतों में अमला को छोड़कर और इसमें रहनेवाले लोगों को छोड़कर विनियमन जिले में कोई भी व्यक्ति या वहाँ का नागरिक एक समूह के रूप में कलेक्टर या न्यायाधीश का नाम नहीं जानता था, या इसके किसी अधिकारी का नाम नहीं जानता था। जबकि गैर-विनियमन प्रान्तों में किसी भी रैयत या निवासी से पूछें, वह न केवल आपको कार्यालय का नाम बताएगा बल्कि अधिकारी का नाम भी बता देगा। एक मामले में अधिकारी की पहचान उसके पद में है, और दूसरे मामले में व्यक्ति उस पद को अपने अन्दर समाहित कर लेता है। विनियमन

में यह हमेशा कलेक्टर साहब, न्यायाधीश साहब, जज साहब होता है; लेकिन गैर-विनियमन में यह हमेशा जॉन्स साहब, ब्राउन साहब, रोबिन्सन साहब होता है : यह अपने आप में अधिक नजदीकी रिश्ता दर्शाता है जो दोनों पक्षों के बीच होता है। एक नये बने राज्य के लिए या एक अर्ध-सभ्य जनजाति के लिए गैर-विनियमन व्यवस्था अनिवार्य है, लेकिन इसके लिए एक बुद्धिमान और विवेकशील व्यक्ति की आवश्यकता है। बुलवर लिटन के अनुसार, जो एक बुद्धिमान व्यक्ति थे, "एक व्यक्ति जो सब कुछ जानता है लेकिन उपयोगी क्या है यह नहीं जानता"—उसकी आवश्यकता नहीं होती क्योंकि वह अवांछित होगा। किसी भी प्रकार की योग्यता की कोई आवश्यकता नहीं होती; बल्कि चातुर्य और सामान्य ज्ञान और सबूतों के नियमों की समझ के साथ एक भद्रपुरुष की भावनाएँ पर्याप्त हैं। भद्रपुरुष की भावनाओं से मेरा अभिप्राय: अच्छी आदतों से नहीं है जिन्हें घर में अपनाया जाता है और जिनका सम्बन्ध दोस्तों के साथ से होता है; क्योंकि इस प्रकार की भावनाएँ एकान्त जंगल में कुछ समय रहने के बाद गायब हो जाती हैं, बल्कि मेरा मतलब उन भावनाओं से है जिन्हें ग्रीक लोग 'श्रेष्ठ और अच्छी' कहते हैं। इसका सम्बन्ध ऐसे व्यक्ति से है जो कभी भी छोटी-छोटी बातों को अपने न्याय के विचार के मार्ग में नहीं आने देता, वह केवल अपने स्वयं की सही की भावना को सन्तुष्ट करने के लिए काम करेगा, और वह 'दृष्टि सेवा' के लिए बचेगा। एक भद्र पुरुष के निर्माण में धर्म और शिक्षा महत्त्वपूर्ण भूमिका निभाते हैं, लेकिन वे गौण होते हैं। भावनाएँ आन्तरिक होनी चाहिए, और मेरा विश्वास हमेशा वंशानुक्रम में होता है। हालाँकि समुचित रूप से जब हम किसी व्यक्ति की पीठ थपथपाना चाहते हैं, और उन्हें ऊपर उठाना चाहते हैं तो गैर-विनियमन व्यवस्था को विनियमन व्यवस्था की तुलना में वरीयता दी जाती है। और जब कोई संकट आता है तो वह हमें इससे निपटने के लिए कुशल व्यक्ति मुहैया करता है—ऐसे व्यक्ति जो अधिक जिम्मेदार होते हैं, जो जिम्मेदारी से विनियमन व्यवस्था में काम करनेवाले लोगों से कम डरते हैं—फिर भी मैं नहीं सोचता कि यह बंगाल के लिए लाभकारी होगा। क्योंकि बंगाली लोग इतने विशिष्ट रूप से निर्मित हैं, जिनका ग्रामीण ढाँचा आधा बर्बाद हो चुका है, और जिनकी न्यायिक प्रणाली को अभी स्वतंत्र होना है, कि उनके लिए गैर-विनियमन व्यवस्था एक अभिशाप होगा, क्योंकि हाकिम और रैयत के बीच शक्तिशाली हितों के साथ बड़ी संख्या में जमींदार दखलअन्दाजी करते हैं। विद्रोह से पहले सन्तालों के साथ बुरा व्यवहार किया जाता था। पूरे मामले की समीक्षा करने पर पता चलता है कि सन्तालों के विचारों के साथ उन्हें उचित तरीके से न्याय नहीं मिला। मेरा मानना है कि इस विद्रोह में उनसे सबसे बड़ी गलती यह हुई कि वे सफलता की सम्भावना के बिना उठ खड़े हुए। एक भारी शिकायत ने

उन्हें हथियार उठाने के लिए मजबूर किया, लेकिन वे एक ऐसे दुश्मन से लड़े जो जानता था कि उदार कैसे बना जाता है, और जिसने प्रथम दृष्ट्या अज्ञानतावश पाप किया था, न कि कपट की भावना से, और जिन्होंने बाद में अपनी गलती को सुधार लिया था।

विद्रोह के बाद सन्ताल सौभाग्यशाली प्रतीत हुए, जहाँ तक उनके औपचारिक संरक्षकों का सम्बन्ध है। उन्हें न्याय और सम्पन्नता हासिल हुई, जब सरकार ने युले और मनी जैसे आयुक्तों को और वुड जैसे लोगों का उनका उप नियुक्त किया, और विलमोट और कोसरेट जैसे लोगों को सहायक नियुक्त किया। मैं उन लोगों का नाम नहीं लूँगा जो विद्रोह का कारण बने, लेकिन मैं उन लोगों का नाम जरूर लूँगा जिनके कामों के कारण खुशहाल परिणाम प्राप्त हुए और हो रहे हैं। सभी कार्यों में गलतियों के साथ एक नियम के रूप में गैर-विनियमन अधिकारियों ने अधिक जिम्मेदारियों के साथ कठिन मेहनत की। उन्हें वही मानदेय और पदोन्नति मिली जो विनियमन अधिकारियों को मिली।

सन्तालों को उसी विनियमन व्यवस्था में धकेलने की प्रवृत्ति देखी जाती है। चीते और मछली पर समान प्राकृतिक नियम लागू नहीं होते उसी तरह समानता पर आधारित भारतीय संविधान महाजन, बंगाली, और सन्ताल पर लागू नहीं होता। जातिगत प्रणाली से बचना होगा, लेकिन इंग्लैंड में ट्रक अधिनियम एक उदाहरण है जिसके द्वारा हम मान सकते हैं कि न्याय के लिए प्रत्येक कानून में अपवाद होना चाहिए।

अध्याय : 16

मिशनरी प्रयासों के अवलोकन का अवसर - इलाका - धर्मप्रचार - बहुत-से अच्छे काम - डोरम की शिक्षाएँ - बंगाली का अनुमानित चरित्र - आधारित रूप से अच्छा - खानाबदोश घुमन्तू लोगों की ऐयाशी के बुरे प्रभावों का सामना करनेवाले मिशनरियों का बाहरी जीवन - आदरणीय ई.एल. पक्सले - स्कूलों की स्थापना - छात्रों की औसत उपस्थिति - कम प्रगति के कारण - सन्ताल जानते थे कि महाजनों से सुरक्षा के लिए शिक्षा का बहुत महत्त्व है—जंगलों में स्कूल - शिक्षक के रूप में प्रशिक्षित कुछ सन्ताल लड़कों की अच्छी प्रगति - अमेरिकी मिशन की प्रगति - दिखावा किए बिना की गई अच्छाई - श्रीमान फिलिप द्वारा सुनाई गई कहानी - श्रीमान लेहमैन के बुद्धिमान शब्द - पाकुड़ मंडल में ईसाइयों की संख्या - शराब की आदत धर्मपरिवर्तन में एक बड़ी बाधा - सन्ताल पुजारियों से पूर्ण नस्ल नहीं है—सन्ताल पुजारी।

सन्तालों के बीच धर्मप्रचारकों के प्रयासों का अवलोकन करने के लिए मेरे अवसर भागलपुर, राजमहल, पाकुड़, गोड्डा जिलों तक सीमित रहे हैं, और उसके बाद मिदनापुर में। इसलिए मैं कोई भी ऐसी टिप्पणी कर सकता हूँ जिसका सम्बन्ध छोटानागपुर से नहीं, बल्कि उक्त स्थानों से है।

धर्म प्रचार के अतिरिक्त भारत में धर्म प्रचारकों के द्वारा बहुत अधिक कल्याणकारी कार्य चुपचाप और बिना किसी दिखावे के किये गए हैं, और मैं कई उदाहरणों का साक्षी रहा हूँ, इसलिए मैं उनके प्रयासों के अच्छे परिणामों के बारे में बात कर सकता हूँ। मैंने यह कभी नहीं पूछा कि वे जर्मन थे, अमेरिकी थे, या अंग्रेज थे, या वे कॉलेज में पढ़नेवाले और भद्रपुरुष थे, जर्मन कारीगर थे, बपतिस्मा-दाता थे, या वेस्लीयन थे, लेकिन मैं यह निश्चित तौर पर कह सकता हूँ कि जिनके सम्पर्क में मैं आया वे सभी जितना विश्वास किया जाता है उससे कहीं

अधिक कल्याणकारी थे। मेरे व्यक्तिगत ज्ञान के अनुसार एक धर्मप्रचारक जहाँ भी जाता है उसका सम्मान होता है और मैं विश्वास करता हूँ कि एक मुसलमान भी उन्हें गाली नहीं दे सकता। सन्तालों के बीच उनके बच्चों को शिक्षा देने के एक उपकरण के रूप में, और ईसा मसीह के दूत के रूप में उन धर्मप्रचारकों को सम्मान की दृष्टि से देखा जाता है और बहुत-से उदाहरणों में उन्हें प्रेम किया जाता है।

यह संज्ञान देनेवाली बात है कि यूरोपीय लोगों का मानना है कि झूठ बोलने और वेश्यावृत्ति के बावजूद बंगालियों के निम्न वर्ग में कई अच्छे गुण भी हैं, और यह उनके गहरे मन के अन्दर है—मेरे कहने का तात्पर्य है दूसरों में दिखाई देनेवाली अच्छाई की प्रशंसा करना। इन धर्मप्रचारकों का स्व-त्याग और आरोपमुक्त बाहरी जीवन स्थानीय लोगों को सम्मान की भावना का अहसास करता है, और इस बुरे प्रभाव को कम करता है जो यूरोपीय लोगों और ईसाई धर्म से पड़ा है। यह बुरा प्रभाव उन दुर्भाग्यशाली यूरोपीय आवारा लोगों से पड़ा है जो शराब पीकर झगड़ा करते हैं और भ्रष्ट जीवन जीते हैं, जो भारत के ग्रामीण क्षेत्रों में आवारा घूमते हुए अंग्रेजी प्रतिष्ठा को कम करते हैं।

विशेष रूप से वह भद्र पुरुष जिसने ड्रेगुन रेजिमेंट में अपने नौकरी से इस्तीफा देकर और सभ्य जीवन का त्याग कर जंगलों में अपने समय और धन को सन्तालों के बौद्धिक और धार्मिक सुधारों में लगाया। मैं आदरणीय ई.एल. पक्सले का जिक्र कर रहा हूँ, जिन्होंने भारत में तालझारी में रोगों से भरे दलदल में रहकर कार्य किया।

श्रीमान पक्सले ने चर्च मिशनरी समाज के सहायता द्वारा सन्तालों के क्षेत्रों में कई स्कूल स्थापित किये, जिनमें बंगाली और हिन्दी पढ़ाई जाती है। उन्होंने इसकी शुरुआत सात या आठ साल पहले की थी। हालाँकि स्कूल जानेवालों की उपस्थिति, और बच्चों को स्कूल में रखने की उनके अभिभावकों में इच्छा औसत दर्जे की रही, इस कारण प्रगति इतनी अच्छी नहीं हुई जितनी हो सकती थी। जिसका एक और कारण स्वयं बच्चे थे जो प्राय: शरारत करते थे और पढ़ाई कम करते थे क्योंकि उनके माता और पिता उनकी कभी पिटाई नहीं करते थे। यदि उन्हें शिक्षक द्वारा कभी शारीरिक दंड दिया जाता था तो सभी शिष्य स्कूल में आना बन्द कर देते थे। इसके अतिरिक्त उन्हें गायों को चराने भेज दिया जाता था और फसल के समय उन्हें छोटे-छोटे काम करने पड़ते थे। इस कारण वे जल्दी स्कूल छोड़ देते थे, और उन्हें वह लाभ नहीं मिल पाता था जो उन्हें मिल सकता था, यदि वे बिना बाधा के पढ़ते। वास्तव में वे इतना ज्ञान प्राप्त नहीं कर पाए जो उन्हें जीवन में काम आता। लेकिन वृद्ध लोगों को इस बात का ज्ञान था कि शिक्षा ही एक रक्षक है जो महाजनों के खातों से उनकी सुरक्षा कर सकता था। जैसा कि सीबू कहता है, “मेरे बेटे को पढ़ना, लिखना, और जोड़ना सीखने दो, और वह गाँव

के साहूकार प्यारे लाल पर नजर रखेगा।" इसलिए शिक्षा को किसी भी तरह से घृणा नहीं की जाती। जो लोग शिक्षा को अपने जीवन में धीरे-धीरे अपनाते हैं वे अच्छी उन्नति कर लेते हैं। तालझारी और हिरणपुर के स्कूलों में जो चर्च मिशन समाज से सम्बन्ध रखते हैं, वहाँ सन्ताल लड़कों को शिक्षक बनने की प्रशिक्षण दी जाती है, जिन्हें शिक्षण प्राप्त करने के बाद जंगलों में छोटे स्कूल स्थापित करने के लिए भेजा जाता है।

ये स्कूल दो पादरियों श्रीमान पक्सले और श्रीमान लेहमैन की निगरानी में रहते हैं।

एक अमेरिकी मिशन और दो स्कूल हैं जो मिदनापुर और जेलासोर में हैं। उन्हें अंग्रेजी मिशन की अपेक्षा अधिक कठिनाई का सामना करना पड़ता है। क्योंकि वहाँ के लोग राजमहल के नजदीक रहनेवाले सन्तालों से अधिक भ्रष्ट और शराबी हैं। वृद्ध श्रीमान फिलिप्स ने सन्ताल भाषा का सबसे उपयोगी व्याकरण और एक शब्दकोश लिखा है, और मेरा विश्वास है कि वे पहले ऐसे मिशनरी हैं जिन्होंने उनकी भाषा को सीखा है। मैंने उनसे यह कहानी सुनी है, जो मैं अपनी स्मृति के आधार पर सुना रहा हूँ। उन्हें उनके साथ रहते हुए कुछ समय हो चुका था, और उन्होंने उनकी भाषा को काफी हद तक सीख लिया था और जो कुछ वे कहते थे उसे वे समझने लगे थे। उन्हें खेद और चिन्ता थी कि वे सन्ताली भाषा में प्रार्थना नहीं कर सकते थे। उन्होंने एक सन्ताली ईसाई लड़के को उसकी स्वयं की भाषा में प्रार्थना करते हुए सुना। श्रीमान फिलिप्स को उसकी भाषा समझ में आ रही थी, और इस अच्छी घटना से अवसर उठाते हुए उस लड़के की नकल करके प्रार्थना की। प्रशिक्षित सन्ताल ईसाई शिक्षकों की सहायता हिन्दुओं और बंगालियों द्वारा की जाती है। वे अपने प्रयत्न में कुछ हद तक सफल हुए हैं। उन्हें अन्धविश्वासों और अज्ञानता से लड़ना पड़ता है। श्रीमान लेहमैन के शब्दों को ध्यान में रखते हुए, "ईसाई धर्म से प्रभावित हुए बिना लोगों को ईसाई धर्म अपनाना वांछित नहीं है।" इस आधार पर हम मानते हैं कि जो लोग ईसाई बन गए हैं वे सच्चे अर्थों में ईसाई हैं। मेरा मानना है कि पाकुड़ मंडल में एक सौ बपतिस्मा लिये हुए लोग हैं। काफी संख्या में अनाथों को मिशन द्वारा कपड़े प्रदान किये जाते हैं और खाना खिलाया जाता है, और जब वे बड़े हो जाते हैं तो उनकी शादी इसके किसी सदस्य के साथ कर दी जाती है। हँड़िया की आदत मिशनरी प्रयासों के मार्ग में एक बड़ी बाधा है, और मेरी राय में वृद्ध सन्तालों की इस लत को छुड़ाना असम्भव कार्य है। लेकिन मुझे यह देखकर खुशी है कि जो लोग निर्णय करने में सक्षम हैं वे इस प्रकार की बुराई को ईसाई धर्म के मार्ग में इतनी बाधा नहीं मानते जितनी मैं मानता हूँ।

यद्यपि सन्तालों में पादरी नहीं होते, लेकिन उनके पास एक प्रकार का आध्यात्मिक शिक्षक या गुरु होता है जो आमतौर पर साल में एक बार गाँव में आते हैं और अधिकांश पढ़ना और लिखना जानते हैं तथा उनके अनुयायी उनके उसी प्रकार से अलग होने का दावा करते हैं जो ब्राह्मण हिन्दुओं से करते हैं। लेकिन पुजारी का पद वंशानुगत नहीं है, बशर्ते कि वे भविष्यवक्ता के पद को संयोजित नहीं करते।

ये गुरु पैगम्बर नहीं हैं जो आत्माओं के साथ बातचीत करने का झूठ बोलते हैं। बीमारी और पारिवारिक समस्याओं के लिए और जब भी गाँव में कोई विपदा आती है तो दूर-दूर से लोग उनके पास परामर्श लेने आते हैं। वे थोड़े पैसे में भविष्यवाणी करते हैं, और प्रत्येक मामले में उनका सामान्य शुल्क चार आने, या छह आने होता है।

अध्याय : 17

नरक के सम्बन्ध में अनोखा विश्वास - स्वर्ग और वहाँ पर आनन्द - बुरी नजर और अपशगुन का डर - उनकी कहानियाँ - वयस्कों की मृत्यु पर किये जानेवाले अनुष्ठान - बच्चों को दफनाना - मृत्यु की भविष्यवाणी - अस्थियों को बहाना - एक बालक के लिए शोक गीत - एक पति के लिए शोक गीत - ब्राह्मिणी और दामोदा नदी की तीर्थयात्रा - पुराने भूतों की विशिष्टता।

सिसरों कहते हैं कि कोई भी वृद्ध स्त्री गैर-ईसाई के नरक के बारे में सुनाई गई कहानी पर विश्वास नहीं करेगी। दंड के स्थान के बारे में सन्तालों की भी एक विशिष्ट मान्यता है, जिस पर एक सबसे अधिक व्यर्थ वृद्ध स्त्री भी विश्वास करती है। वे इसे इहकुर कहते हैं (जिसका अर्थ है बदबूदार स्थान), और कल्पना करते हैं कि मृत्यु के बाद शापित लोग गरीबी, भूख, और प्यास में रहते हैं और हमेशा बदबू में रहते हैं। उनके विचारों के अनुसार यह स्थान हरापुरी या दूसरी दुनिया में स्थित है।

उनके स्वर्ग भी हरापुरी में स्थित हैं, और वे विश्वास करते हैं कि वहाँ पर अच्छे सन्ताल खेती करते हैं और आराम से रहते हैं, खाते-पीते, और शिकार करते हैं हमेशा-हमेशा के लिए। उनके घर भी भव्य होते हैं।

वे बुरी नजर और अपशगुन से भी बहुत डरते हैं। मैं एक उच्च अधिकारी के साथ यात्रा कर रहा था, जब हम एक वृद्ध सन्ताल से मिले जो इतना मोटा हो गया था कि उसे अपने पैर भी दिखाई नहीं देते थे। उसे अपने पैर देखे हुए बहुत समय बीत चुका था। मेरे साथी ने उस पर टिप्पणी की, "तुम मोटे हो गए हो।" विनम्र उत्तर की अपेक्षा उसे एक रूखा उत्तर मिला, जो इस अवसर पर अधिक तीव्र था। लेकिन इसका कारण यह था कि जनजाति के अन्दर यह विश्वास किया जाता था कि किसी के मोटापे पर की गई टिप्पणी के कारण जिस व्यक्ति पर टिप्पणी की गई है उसका दुर्भाग्य या मृत्यु जल्दी आती है। यह हमारी अज्ञानता

थी और स्थानीय लोगों का अन्धविश्वास था, न कि यूरोपीय लोगों की तरफ से किया गया शोषण या अन्याय।

जब एक सन्ताल लड़का या लड़की युवावस्था में मर जाते हैं तो शरीर को बहुत कम अनुष्ठान के साथ दफनाया जाता है। लेकिन जब कोई वयस्क मर जाता है तो बड़ी रस्में और अनुष्ठान किये जाते हैं।

जब कोई व्यक्ति मरणावस्था में होता है तो वे आमतौर पर अपने दरवाजे खुले रखते हैं, क्योंकि वे चाहते हैं कि मरनेवाले की आत्मा बाहर निकल जाए और स्थायी तौर पर अन्दर न रहे। यही कारण है कि माँझी सदन का निर्माण किया जाता है क्योंकि यह स्थान मृतक की प्रेतात्मा का निवास होता है। हालाँकि यह सदन केवल गाँव के मुखिया के घर के सामने होता है। लेकिन यह माना जाता है कि सभी मृत लोगों की प्रेतात्माएँ वहीं इकट्ठा होती हैं। मृत्यु के बाद शरीर को वहाँ ले जाया जाता है जहाँ दो मार्ग मिलते हैं और वहाँ जाकर महिलाएँ और सम्बन्धी विलाप करते हैं। दाह-संस्कार से पहले परिवार का अगला वारिस अपना मुँह फेरकर और पीछे हटते हुए मृतक के होंठों के बीच एक घास का तिनका रखता है और उसके हाथ में एक सिक्का भी रखता है। जलाने के स्थान पर इस प्रकार से तैयार किये गए मृत शरीर को चारपाई के साथ चिता पर रख दिया जाता है, और उसके गले की हड्डी का एक टुकड़ा लिया जाता है और एक नई हाँड़ी में रख लिया जाता है। इसके बाद शरीर को जला दिया जाता है, और राख को इकट्ठा करके बची हुई खोपड़ी में रखा जाता है। कपड़े और पीतल के बर्तनों को चिता के पास प्राय: आधी कीमत पर बेचा जाता है, और जब अस्थियों को इकट्ठा कर लिया जाता है तो मातम मनानेवाले घर लौट आते हैं। इसके बाद एक मुर्गा पकड़ा जाता है और उसके सिर को एक पत्थर पर मारा जाता है, उसे पकाया जाता है और खाया जाता है। यदि मृतक अमीर होता है तो एक गाय, एक बकरा, और एक सूअर की बलि भी दी जाती है। हिस्सा लेने से पहले घर को अच्छी तरह साफ किया जाता है, और तब 'अन्तिम संस्कार में पका मीट' बनाया जाता है। जब सारे मेहमान चले जाते हैं तो निकट सम्बन्धी घर के एक कोने में चावल और पानी की एक कड़ाही रखते हैं, पूरी रात दरवाजा खुला रखते हैं। अगली सुबह यदि पानी की कड़ाही में कुछ चावल मिलते हैं तो ऐसा माना जाता है कि मृतक की आत्मा दाह-संस्कार से खुश है, वह उनके घर आई थी और उसने कुछ चावल खाए हैं, और कुछ दाने पानी में ही छोड़ दिये हैं। यदि आत्मा नहीं आती है तो वे उसे बुलाते हैं। इसलिए एक भविष्यवक्ता या भूत खोजनेवाले को बुलाया जाता है और उससे पूछा जाता है कि आत्मा किसके शरीर में घुस गई है। भविष्यवक्ता पागलों की तरह व्यवहार करता है और अपने सिर को चारों

ओर घुमाता है। तब मृतक की आत्मा उसके माध्यम से बोलता है। यदि वह ये शब्द बोलता है, "मैं आ चुका हूँ! मैं आ चुका हूँ!" तो वांछित प्रभाव हुआ माना जाता है और सम्बन्धी सन्तुष्ट हो जाते हैं। आत्मा का जल्दी आना काफी हद तक माध्यम को दिये गए मानदेय पर निर्भर है। जब शरीर घर में होता है उस समय मृतक के लिए किया गया विलाप इस प्रकार होता है—

ओ मेरे प्रिय,
अब तुम कहाँ हो, मेरे प्रिय?
मैंने अपने आपको कहा मेरे साथ सब कुछ ठीक है।
बड़े दुख की बात है! मेरे बाहुल्य, तुम कितने कम समय के लिए हमारे पास रहे।
ओह मेरे प्रिय, ओ मेरे प्रिय, तुम कहाँ चले गए?
मैंने अपने आपको कहा कि वह फिर से ठीक हो जाएगा—
आह मैं! आह मैं!

उक्त विलाप एक बच्चे के लिए होता है, और नीचे दिया गया विलाप एक पति के लिए होता है—

ओह मेरे पति, तुम क्यों चले गए?
तुम मुझे क्यों छोड़कर चले गए?
मेरे पति, क्या तुम वास्तव में मुझे छोड़कर चले गए?
ओह मैं! ओह मेरे साथी,
तुम कुछ ही दिन के लिए आए, तुम कुछ ही दिन मेरे पास ठहरे।
तुम दो दिन के एक फूल की तरह थे, ओह मैं! ओह मैं!
मेरे साथी, मैं कहाँ जाऊँ? मैं दुनिया में अब कहाँ जाऊँ?
मैं तुम्हें कहाँ देखूँ?
मेरे प्रिय, मैं तुम्हारा प्यारा चेहरा कहाँ देखूँ?
जंगल में गाँव वाले आग जला देंगे—
उन्होंने तुम्हें जला दिया!
तुम दो दिन के लिए इस दुनिया में आए?
मैंने अपने पति के शरीर को काँच की तरह टूटते देखा,
यह ऐसे हुआ मानो मेरी किस्मत ही ऐसी थी।
वह अब मुझे अकेला छोड़कर चला गया।
यह ऐसा ही था, वह चला गया।
मैं अब यह बोझ तले झुक जाऊँगी।
मैं भगवान से प्रार्थना करती हूँ,

भगवान भी चला गया है।
कहीं कोई परामर्श और उम्मीद नहीं है।
मुझे कुछ समझ नहीं आ रहा है, कोई उम्मीद नहीं है
मैं अब क्यों जीऊँ?
मैं अब कैसे चैन से रहूँ?

पर्याप्त संख्या में पिताओं और माताओं के मरने तक इंतजार करना गाँव वालों का रिवाज होता है, जब वे उनकी अस्थियों को लेते हैं और उन्हें एक साथ इकट्ठा करके दामूदा नदी में प्रवाहित करते हैं, जो उनके लिए एक पवित्र नदी है।

यदि यह अन्तिम अनुष्ठान नहीं किया जाता है तो भूत या मृतक आत्मा उन आत्माओं से नहीं मिल पाती जिनकी अस्थियाँ पहले प्रवाहित की जा चुकी हैं।

अध्याय : 18

कृषि का आदिम ज्ञान - उनका भोजन - उन पशुओं के सम्बन्ध में मिताहारी नहीं जिनकी प्राकृतिक मृत्यु होती है—उनकी यात्रा प्रणाली - पत्र ले जाने का अनूठा तरीका - जग्गरनाथ से अजीब सूचना - उनके खेल - धन का मापदंड - जादू-टोने का वर्णन - अन्धविश्वास के बारे में पर्सन की राय - चुड़ैलों की हत्याओं को रोकने में दंड प्रभावी नहीं है—बिजली का बक्सा - चुड़ैल खोजने का एक नया तरीका, और उसका उपयुक्त दंड - एक प्रख्यात चुड़ैल और उसके बेटे की हत्या - एक अन्य चुड़ैल की हत्या, और हत्यारों की गिरफ्तारी - मुकदमा - कार्यवाही को देखनेवाले चार लकड़बग्घे।

सन्तालों के पास कृषि का प्राचीन ज्ञान है। हालाँकि वे खेती के लिए हिन्दुओं जैसे ही उपकरण प्रयोग करते हैं, लेकिन उन्हें हिन्दुओं के बराबर पारिश्रमिक नहीं मिलता। क्योंकि वे लापरवाह हैं, हालाँकि वे परिश्रमी हैं और जंगल को साफ करने में अधिक उपयुक्त होते हैं, लेकिन वे बाद में इसे कृषि के लिए विकसित करने में अधिक ध्यान नहीं देते।

जैसा कि पहले देखा गया है, वे कोई विशेष भोजन नहीं खाते हैं। वे प्राय: बलि दिये गए जानवर का मीट खाते हैं, जैसे मुर्गा, बकरा, सूअर और कबूतर। यदि उनका कोई मवेशी प्राकृतिक मृत्यु को प्राप्त होता है तो गाँव के सभी पुरुष उस पशु के चारों ओर इकट्ठे होते हैं, जिसे कुशलता के साथ काटा जाता है और आवश्यक हिस्सों में बाँटा जाता है। तब एक हिस्से को एक बार में खाया जाता है और शेष को घर ले जाया जाता है। चावल उनका मुख्य भोजन है, लेकिन वे विभिन्न प्रकार की दालें भी खाते हैं। महिलाएँ सूप बना सकती हैं और उन्हें एक प्रकार के ब्रेड बनाने का भी ज्ञान है। उन्हें विभिन्न प्रकार की जंगली जड़ों को पकाना आता है, और प्राय: हरे पत्ते, और सूखे फूलों को उबालकर खाना तैयार

करती हैं। एक बार एक धर्मप्रचारक ने कहा था, "एक सन्ताल वहाँ भी रह सकता है जहाँ एक चूहा भी भूखा मर जाएगा।"

वे विभिन्न गाँवों में अपने रिश्तेदारों के यहाँ जाना पसन्द करते हैं, ज्योंही वे अपने अनाज को निकालकर अपने घर में जमा करते हैं, तो कुछ युवाओं को इकट्ठे होकर अपने दोस्तों के यहाँ जाते हुए देखा जा सकता है, जो प्राय: साठ या सत्तर मील दूर होते हैं। वे रात्रिभोज के शौकीन भी हैं। पत्र ले जाने का उनका तरीका प्राचीन है। वे एक छोटी हरी टहनी लेते हैं और इसे एक सिरे पर से दो हिस्सों में चीरते हैं; उनके बीच वे पत्र को डालते हैं, और उसे वाहक के बिना छूए ले जाया जाता है, और उसे उसकी मंजिल तक पहुँचाया जाता है।

एक बार मैं एक जंगल के बाहर शिविर में रह रहा था जब मुझे एक सन्ताल मिला जो एक स्थानीय कागज का एक गन्दा सा टुकड़ा लिये हुए था। यह अभद्र बंगला में लिखा हुआ था और मैंने इसे पढ़ना चाहा। इसमें निम्न बातें लिखी गई थीं जहाँ तक मैं समझ पाया—

> "जग्गरनाथ के दरवाजे बन्द हैं।
>
> उसके चारों ओर साँप की तरह फुफकारता हुआ बैल जग्गरनाथ की तरफ गुजरेगा... (यहाँ पर लिखाई विलुप्त मिली) अपनी गलियों को साफ और स्वच्छ रखना ताकि वह तुम्हारे गाँव से बिना किसी बाधा के गुजर सके। इसे अगले चार गाँवों में भेजना, नहीं तो इस साल तुम्हारे पास बीमारियाँ आएँगी और तुम मर जाओगे।"

मुझे इस प्रकार के तीन कागज मिले, और प्रत्येक में ले जानेवाला चौकीदार या गाँव का सरकारी चौकीदार था। मैं यह कह सकता हूँ कि मैं जग्गरनाथ से कुछ सौ मील दूर था जब यह घटना घटी।

गाँव के लोग कसरती खेलों के शौकीन होते हैं तथा धनुष और तीरों से मुकाबला करते हैं। मैंने सुना है कि एक विशेषज्ञ केले के छिलकों को इसे तोड़े बिना उतार सकता है। लेकिन यह विवरण मात्र है, और मैंने ऐसा कभी नहीं देखा। इन कौशलों के विजेता को गाँव के छोटे अधिकारी (परमानिक) द्वारा गाँव के मुखिया के पास ले जाया जाता है और उसे घुटनों के बल बिठाया जाता है, जब प्राचीन भद्र पुरुष उस पर अपने हाथ रखता है। बधाइयाँ देने के बाद उसे उसके साथी अपने कंधों पर बिठाते हैं।

कुछ समय से उन्होंने हर चीज का मूल्य पैसे में लगाना शुरू कर दिया है। पहले उनका मानक मुट्ठी-भर चावल या दाल होते थे। इसलिए अमुक संख्या में मुट्ठी चावल एक मुर्गे की कीमत, इतने मुर्गे एक सूअर की कीमत, इत्यादि

आँके जाते थे। आज भी जब मवेशी किसी दूसरे के मक्का के खेत में या फसल में चरते हैं तो नुकसान को चावल या दालों के रूप में जुर्माना लगाकर पूरा किया जाता है।

मुझे उनकी प्रख्यात चुड़ैलों में से कोई चुड़ैल का गाना नहीं मिला। केवल एक बार एक औरत एक गीत गाने के लिए राजी हुई, और मैंने उसे उसके पति के साथ कारागार में रखा, एक चुड़ैल की हत्या में सहभागिता के लिए। इस युवा स्त्री ने अपने आपको बचाने के लिए काला जादू सिखाने के लिए अपनी एक दोस्त पर आरोप लगाया, और परिणामस्वरूप उस दुर्भाग्यशाली स्त्री को आरोपी ठहराया गया, और उसकी हत्या कर दी गई। कैदी ने मुझे बताया कि चार अन्य के साथ उसे पीड़ित द्वारा सुला दिया गया था और फिर बुरहेट के पास एक झील के तल में एक पंख वाले रथ के द्वारा ले जाया गया। वहाँ पहुँचकर उन्होंने सुन्दर घरों और बगीचों और घोड़ों आदि को देखा। हालाँकि वह बात करना चाहती थी लेकिन वह गाने से बचती रही। मैंने अपनी उम्मीदें छोड़ दी। क्योंकि उसके पति ने मुझे परेशान होकर देखा था, क्योंकि वह उसकी पत्नी के साथ मेरे दैनिक साक्षात्कार पसन्द नहीं कर रहा था। चूँकि वह लड़की युवा और सुन्दर थी, और उसके पति को मैंने जेल में भेजा था, इसलिए मैंने सुरक्षा कारणों से इस सबको छोड़ दिया।

अन्धविश्वास सन्तालों द्वारा की गई आधी गलतियों और हत्याओं का कारण है। उनकी चुड़ैलें (डायन) के बारे में माना जाता है कि वे बोंगाओं के साथ सम्भोग करती हैं, जो उन्हें अँतड़ियों को खाकर उनकी हत्या करने की शक्ति देते हैं, और बुखार, मवेशियों की बीमारियों, और दूसरे प्रकार की बुराइयाँ करने की शक्ति देते हैं।

चुड़ैलों को ढूँढ़नेवालों को रोकने के लिए दंड कभी भी प्रभावी नहीं रहा, लेकिन एक उपायुक्त ने एक बिजली की मशीन को काफी उपयोगी पाया। यदि एक अभिभावक आता था और गोपनीय रूप से एक बेटी या पत्नी के बारे में उसकी सलाह लेता था जिस पर चुड़ैल होने का आरोप लगा होता था, तो यह 'प्रकाश का बक्सा' या 'शैतान का बक्सा' नौकरों द्वारा भय के साथ बाहर लाया जाता था, जिन पर इसका प्रयोग किया गया था, और उस लड़की को हैंडल पकड़ने के लिए कहा जाता था। जब पहिया घुमाने से कोई परिणाम नहीं आता था, तो उसे सही माना जाता था। लेकिन जब प्रश्न करनेवालों पर यह परीक्षण किया जाता था वे आधे घंटे तक नाचते थे—यह व्यावहारिक प्रमाण था जो लड़की के ऊपर हो रहे अपराध को रोकता था और चुड़ैल ढूँढ़नेवाले को उचित दंड देता था।[1]

1. एक मामले में ड्रम को हटा दिया जाता था, और दूसरे मामले में इसे जोड़ दिया जाता था।

जिस तरह से बक्से को डर के साथ देखा जाता था वह हास्यास्पद था, और नौकर इसको बड़े ध्यान से ले जाते थे। वे यह तसल्ली करा देते थे कि इसमें आकाश से नियतकालिक आपूर्ति की जरूरत पड़ती है जिससे यह काम करता रहता है, और वे इसे पूरी पावर ऑन होने पर काम करता हुआ देखकर बहुत खुश होते थे। क्रूर कानून लागू होने से पहले, एक युवा सन्ताल एमिकस (एक उपायुक्त) को बताने के लिए भागा आया कि उसकी पत्नी पर एक चुड़ैल ढूँढ़नेवाले ने चुड़ैल होने का आरोप लगाया था और क्योंकि गाँव के मुखिया का बेटा लम्बे समय से बीमार था, और ऐसा बताया गया था कि उस पर चुड़ैल का प्रभाव था, इसलिए वह उसकी सुरक्षा के लिए चिन्तित था। मेरा दोस्त तुरन्त उस स्थान पर गया, और पहुँचने पर एक पंचायत बुलाई। गाँव वालों को एक पेड़ के नीचे इकट्ठा होने में देर नहीं लगी। बूढ़े लोगों ने एक घेरा बनाया और अपनी पिंडलियों पर बैठ गए। घेरे के जिसके बाहर कुछ युवा, महिलाएँ—जिनमें से कुछ की गोदी में बच्चे थे, कुछ नवयुवतियाँ थीं—हैरानी में देख रहे थे। एमिकस भी वहाँ बैठा था और उन्होंने अपनी पीठ पेड़ से लगा रखी थी। चुड़ैल ढूँढ़ने के लिए जिसे बुलाया गया था वह एक आँख वाला अय्याश किस्म का आवारा व्यक्ति लग रहा था, उसकी बाजुओं और जाँघों पर गोदकर चित्र बने हुए थे। उसे सभा में बुलाया गया। उससे सभी लोग इतने डरे हुए थे कि सभी लोग उससे सुरक्षित दूरी पर चले गए। सबसे पहले उसने एमिकस को तुरन्त मृत्यु होने, अन्धा होने और कुछ अन्य दंडों से डराया यदि वह तुरन्त वहाँ से चला नहीं जाएगा। वे वहाँ से हिले नहीं, बल्कि चुप बैठे थे। वह आरोपी को पुकार रहा था—शर्मीली, मोटी सोलह साल की लड़की, जिसके चारों ओर भय व्याप्त था, और फिर वह वहाँ आकर अपने घुटनों के बीच सिर झुकाकर बैठ गई। वह बहुत दुखी थी। वह न तो जीभ को हिलाती थी और न ही हाथ-पैरों को। यदि मेरा दोस्त जाँच पूरी होने से पहले वहाँ से चला जाता तो वह उस लड़की का अन्तिम दिन होता। उसका पति आया और साहस के साथ उसके साथ खड़ा रहा, बावजूद इसके कि लोग उसकी तरफ चारों ओर से गुस्से में देख रहे थे, क्योंकि प्रत्येक सन्ताल को यह पूरा विश्वास था कि वह चुड़ैल थी। क्या चुड़ैल ढूँढ़नेवाले ने तेल-पानी से जाँच नहीं की और मुर्गे की आँत का प्रयोग नहीं किया था, और क्या वह पर्याप्त नहीं था?

एमिकस ने एक भावशून्य ढंग से उस दुर्भाग्यशाली लड़की को उसे धूप में लाने के लिए, और यह समस्या पैदा करने के लिए दोषी ठहराया जिससे चुड़ैल खोजकर्ता खुश हो गया, जिसने अब देखा कि उसकी जीत हो गई है। लेकिन जब एक साइस या दूल्हा एक सन्देहास्पद रस्सी लेकर आया और मेरे दोस्त के

आदेश से और निपुणता के साथ चुड़ैल खोजकर्ता के पैरों को बाँधना शुरू किया तो उसके चेहरे के हावभाव बदल गए। अब एमिकस ने कहा ऐसा लगता है कि तुम सब कुछ जानते हो। मैं तुमसे एक समझौता करता हूँ। अपने मुर्गे और तेल-पानी को लाओ, और यदि तुम इतने ताकतवर हो तो अपने जादू से इस रस्सी से छूटकर दिखाओ। यदि तुम आधे घंटे में भी नहीं निकल पाए तो देख लेना। माँझी, क्या यह उचित है? भीड़ से एक सहमति की आवाज आई और हर एक ने उस आदमी की ओर चिन्ता से देखा जो एक परीक्षा से गुजरनेवाला था। सबसे पहले उसने गाँव से एक मुर्गा मँगवाया, और उसकी आँते निकालने के लिए आगे बढ़ा, उसके बाद उसने एक पत्ता और कुछ तेल लिया, और इसे पत्ते पर रगड़ना शुरू किया, ताकि उस आरोपी का चेहरा उस पर दिख जाए, जैसे कि कपड़ों पर नजर आता है।

यह करने के बाद उसने प्रलाप करना और सिर को घुमाना शुरू कर दिया। वह पाताल की शक्तियों का आह्वान करने लगा। उसके मुँह में झाग आ गया और वह पसीने और धूल से भर गया। आधे घंटे के बाद भी उसके पैर बँधे हुए थे। इस सारे समय के दौरान गाँव वाले इस संघर्ष को देख रहे थे। लेकिन उनके मुँह से एक शब्द भी नहीं निकला। एमिकस ने अपनी घड़ी देखी और कहा कि समय पूरा हो गया है, और माँझी से प्रार्थना की कि क्या लड़की के स्थान पर उस चुड़ैल ढूँढ़नेवाले को दंड नहीं देना चाहिए, और क्या वह लड़की बेकसूर नहीं थी। वह लड़की अपने पैरों पर खड़ी हो गई, उसकी बड़ी-बड़ी आँखें आँसुओं से भर गईं, और खिसकते हुए अपने संरक्षक के पास आ गई। माँझी को इस विषय पर कोई सन्देह नहीं रहा था, आरोपी को बेकसूर ठहराया और चुड़ैल ढूँढ़नेवाले को कसूरवार। उसके पति ने फुर्ती दिखाई। वह उसे दिये गए आदेश को मानने के लिए उत्सुक था, विशेष रूप से यह आदेश कि वह उस व्यक्ति के पास जाए और उसके बालों को खींचे और उसकी पसलियों पर प्रहार करे। उसकी कृतज्ञता जबरदस्त थी। जब एमिकस घर लौट रहा था तो उस लड़की का पति घोड़े के साथ-साथ दौड़ रहा था और बता रहा था कि कहाँ पर पत्थर थे और कहाँ पर गड्ढे थे, और बार-बार सिर झुका रहा था। जब उससे पूछा गया तो उसने कहा कि अब उसे उसकी पत्नी की हत्या होने का कोई डर नहीं था क्योंकि गाँव में एक पुलिसकर्मी को छोड़ दिया गया था जिसे लड़की की सुरक्षा के लिए गाँव के मुखिया ने तैनात कर दिया था, और गाँव की राय उस लड़की के पक्ष में थी। सरकार द्वारा प्रदान की गई कुनैन की गोलियों ने माँझी के बेटे से दुष्ट आत्मा को निकाल दिया था। मुझे यह कहने की जरूरत नहीं है कि चुड़ैल पकड़नेवाला सजा से नहीं बच सका।

इस प्रकार एक छोटी सी योजना ने एक ऐसे दृश्य का अन्त किया जिसमें दो-तीन लोगों को फाँसी पर लटकाया जाता, और एक गरीब बेकसूर लड़की की हत्या की जाती।

लेकिन हमेशा सभी मामलों में ऐसा नहीं होता जैसा इस मामले में हुआ। मुझे याद है एमिकस ने मुझे बताया था कि उसे एक मामले की जाँच करने के लिए भेजा गया था जिसमें एक नवविवाहित औरत को मार दिया गया था। यह एक पुरानी कहानी है—आरोप - पंचायत - दंड—पाँच लोगों को यह कार्य करने के लिए चुना गया—पति को चुप रहने का आदेश दिया गया, और रास्ते से हटने के लिए कहा गया—और बेचारी लड़की को आधी रात को बाहर निकाला गया, और रास्ते के किनारे में बर्बरता से गदा से पीटकर मार डाला। जब एमिकस वहाँ आया तो उसने पाया उसके शरीर में कुछ कट लगे थे, लेकिन शरीर बहुत अधिक विकृत हो गया था; बेचारा छोटा बच्चा अपनी माँ के पास रोता हुआ बैठा था, और आसपास कोई नहीं था। लम्बी कहानी को छोटा करते हुए एमिकस ने बताया, जब वह अपनी कुर्सी को आग के पास एक टाँग पर सन्तुलित कर रहा था—क्योंकि यह दिसम्बर की एक ठंडी रात थी—मैंने सबसे पहले उस परिवार की महिलाओं से पूछताछ की, मेरे बच्चे; औरतें छलनी की तरह रहस्योद्घाटन कर देती हैं—पूरी दुनिया की औरतें कभी किसी गोपनीयता को नहीं रख सकतीं; उनसे स्वीकार करवाया; बाद में पुरुषों को पकड़ा और उनसे समर्पण करवाया। मुझे यह सुनकर बड़ा खेद हुआ कि जब मैंने औरतों को 10 रुपये देने की पेशकश की जो उस बच्चे को दूध पिलाएगी, लेकिन कोई भी औरत इसके लिए तैयार नहीं हुई क्योंकि कोई भी एक चुड़ैल के बेटे को दूध पिलाकर अपने स्तनों को अपवित्र नहीं करना चाहती थी। कुछ दिन तक तो उस बच्चे को एक गन्दे कपड़े को दूध में डूबोकर दूध पिलाया जाता रहा, लेकिन कुछ दिन बाद वह मर गया, और उम्मीद है वह उसकी माँ के पास चला गया।

कुछ महीने पहले सिमरा के पास मेरे बूढ़े दोस्त सीबू के गाँव में एक लड़की पर चुड़ैल होने का आरोप लगाया गया था, और यह आरोप था कि उसने ऐंठन रोग से एक-दूसरे सन्ताल के बेटे को मार दिया था। लगभग तीस वृद्ध लोगों की एक पंचायत बुलाई गई। उस लड़की ने एक चुड़ैल के रूप में अपना अपराध स्वीकार कर लिया और कहा कि एक मुखिया चुड़ैल ने उसे जादू-टोना सिखाया था जिसका नाम रोहोमानी था और कहा कि उन्होंने एक घर में एक आत्मा को गाड़ दिया है। रोहोमानी को उस आत्मा को बाहर निकालने के लिए बुलाया गया, और फर्श से कुछ मिट्टी खोदी गई। उसकी मृत्यु के लिए यह काफी था, और पिता ने उसकी बेटी को घर से निकाल दिया जिसने अपनी मरनेवाली पत्नी

को हमेशा के लिए अलविदा कहा, और उसका पूरा परिवार उसे छोड़कर चला गया और पाँच लोगों द्वारा उसे पीट-पीट कर मार डाला गया, जबकि पंचायत बाहर रात को तीन घंटे तक इस मामले पर विचार करती रही, और पीड़ित की चीखों को सुनती रही। यह जघन्य कार्य कर दिया गया, एक बूढ़ी औरत को लाश की निगरानी करने के लिए छोड़ दिया गया, और अगले दिन उसके पति और बेटी को वापिस लौटने की अनुमति दी गई। सौभाग्य से एक औरत ने इस पूरे मामले को अपनी आँखों से देखा था, उसने किसी को हत्यारों के नाम बता दिये जिन्होंने पूरे समाचार को फैला दिया जो कम धर्मान्ध थे। जल्दी ही दोषियों को जेल में डाल दिया गया। साक्ष्यों को पूरा किया गया। मैं ब्राउन वुड द्वारा इस मामले का मुकदमा चलाने से सन्तुष्ट था, जो उपायुक्त थे। उन्होंने इस केस को इस तरह से चलाया जिससे सन्ताल खुद भी सन्तुष्ट थे, हालाँकि उन्हें सजा हुई थी। मैंने काफी समय तक बारकोप में शिविर को देखा; उपायुक्त का खेमा आम के पेड़ों के नीचे था; सन्तालों को उन्होंने एक पंचायत के रूप में बुलाया था, जो उसके चारों ओर बैठे थे। काँपते हुए सन्ताल सिपाहियों के बीच बैठे थे; औरतें रो रही थीं; और ऊँची चट्टानों पर चार लकड़बग्घे बैठे हुए थे और धूप में आराम करते हुए दृश्य को देख रहे थे। मैं उन पर गोली चलाने के लिए उतावला हो रहा था क्योंकि वे गोली के दायरे में थे; लेकिन न्यायालय में बाधा उत्पन्न करने के डर से मैंने अपने उत्साह को दबा लिया, और जब मुकदमा खत्म हुआ तब वे चले गए थे।

अध्याय : 19

सन्तालों के नृत्य - सुन्दर नजारे - शिविर का जीवन - आसपास के प्राकृतिक दृश्यों में गहरी उदासी - रात को आग के चारों ओर नृत्य - दो सन्ताली नृत्य गीत - लड़कियों के घर वापिस आने समय साथ रहनेवाले संरक्षक - सन्तालों की अध्यवसायपूर्ण देखभाल - मावा घुड़ी की चढ़ाई - शिखर पर सुन्दर दृश्य - काँटों के सम्बन्ध में दुखद घटनाएँ।

मुझे प्राय: सन्ताली नृत्यों को देखने का मौका मिला है, लेकिन एक विशेष अवसर मुझे इतना शानदार लगा कि मैं इसका वर्णन करूँगा। हमारा शिविर एक पहाड़ी के ढलान पर एक पठार पर स्थित था, जो हमसे लगभग आठ सौ फीट ऊपर थी। तलहटी पर आधा मील लम्बी घाटी थी, सभी तरफ से पहाड़ों से घिरी थी जो साल, सखुआ, और पहाड़ी बाँस के पेड़ों से ढके हुए थे। काली और भूरी चट्टानें, जो बेलों से ढकी थीं, आसपास की वनस्पति से बाहर निकली हुई थीं।

एक पुराने काले खम्भे के अवशेष जो चड़क पूजा के लटके हुए भक्तों के लिए एक धुरी का काम करता था, ढलान की तलहटी पर एकान्त खड़ा था, और एक निराशा भरा वातावरण पैदा कर रहा था जो पूरे दृश्य में व्याप्त था। हमने पहले ही सूचना दे दी थी कि हमें नृत्य और आग चाहिए, इसलिए हमारे आते ही जंगल के सभी हिस्सों से सूखी लकड़ी से भरी गाड़ियाँ आने लगीं। रात होने से पहले सूखी लकड़ियों का ढेर लग गया जो लगभग पन्द्रह फीट ऊँचा था और गोलाई में लगभग दो गुणा था। यह खम्भे के चारों ओर लगा था। सभी दिशाओं से ग्रामीण इकट्ठे हो गए थे, और उनकी पत्नियों और बेटियों ने दृश्य को खुशनुमा बना दिया था जो पहले पहाड़ों की काली वनस्पति और जंगलों के कारण उदासी से भरा था, जो शाम के समय और अधिक गहरी हो गई थी। हमारे से नीचे उस समूह पर उदासी का कोई प्रभाव नहीं था, जिन्होंने शाम के मनोरंजन के लिए स्वयं को व्यवस्थित करना शुरू कर दिया था। सबसे पहले कुछ तीन ग्रामीण

लड़कियाँ, हँसती हुईं और बात करती हुईं समूह से अलग हो गईं और अपने हाथों को आड़ा-तिरछा करते हुए चार लाइनें बना लीं और एक गीत गाना शुरू किया, और वे अपने पैरों को सही समय पर उठा रही थीं, और अपने टखनों को अपने शरीर की गतियों के अनुसार मोड़ रही थीं। उनके बाल फूलों से सजे थे, और उनमें से कुछ के गले में फूलों की मालाएँ थीं। युवा लोगों का दल पेड़ों के नीचे बैठ गया था, और वे बाँसुरियाँ बजा रहे थे, उनके शरीर की प्रत्येक मांसपेशी सक्रिय हो गई थी, और वे आगे और पीछे हो रहे थे। लड़कियों के आगे ढोलक बजानेवाले थे जिनके सिर पर मोर के पंख लगे थे और जो बड़े ध्यान से अपने उपकरणों को बजा रहे थे, जो ढोल के आकार के थे। काम के लिए पूरी तरह तैयार होने से पहले रात के अँधेरे ने घाटी को ढक लिया, और कुछ मिनट के लिए गहरी चुप्पी छा गई, जबकि सभी लोग सोच रहे थे आगे क्या होनेवाला है। लेकिन हमें बहुत अधिक इंतजार नहीं करना पड़ा। एक भारी-भरकम सन्ताल घास के बंडल को जलाता हुआ आया जिसके साथ कुछ युवक थे। उसने लकड़ियों के ढेर में आग लगा दी। यह नर्तकों के लिए नाचने का एक संकेत था। ज्योंही आग ने रोशनी फैलाई, हमने देखा कि वे दो पंक्तियों में बँट गए थे, जो एक-दूसरे को बीच से सही कोण पर काट रही थी, और एक समान आड़ा-तिरछा आयताकार बना रही थी।

इसके बाद दो या तीन लड़कियों नें केन्द्र में जाकर तेज आवाज में गाना शुरू किया और बाकी ने भी उनके साथ गाया, और शरीर की एक विशेष गति के अनुसार समय का ध्यान रखा, जो कि आवाज के बढ़ने के साथ-साथ बढ़ता जा रहा था। इसके बाद अपने हाथों से तालियाँ बजाते हुए वे चार भिन्न समूहों में विभाजित हो गईं, और आगे और पीछे कदम बढ़ाए, और उनके पीछे-पीछे ढोलक बजानेवाले भी चल रहे थे जो हर समूह गान पर सिर को घुमा रहे थे और जमीन पर लेट रहे थे। मैंने देखा कि उन्हें दर्शकों से बड़ी प्रशंसा मिली उन्होंने प्रदर्शकों के चारों ओर एक बहुत बड़ा घेरा बना लिया था। मैंने उनके कुछ गीतों को लिखने की कोशिश की, और यहाँ पर दो को प्रस्तुत कर रहा हूँ—

1

मेरी माँ अब नहीं रही,
मेरे पिता नहीं रहे—
झांगरी पेड़ पर
मैं अपने आपको फाँसी लगा लूँगी और मर जाऊँगी।

2

इसके बाद मैं शहद पीयूँगी
और मैं फिर से जीवित हो जाऊँगी।
घर जाने से पहले हम दोनों गन्दे हो जाएँगे,
सड़क पर हम कीचड़ में धँस जाएँगे।

3

हम उस मार्ग से क्यों जाएँगे,
यह कीचड़ से भरा है, वहाँ क्यों चलें;
ऊँचाइयों पर बेले हैं,
यहाँ पर एक जंगली बेल है, यहाँ पर बन्धु की बेल है,
आओ वहाँ चलें।

....

जयपुर बाजार में बहुत अच्छा पानी है, मैंने सुना है,
आओ वहाँ चावल के छोटे और बड़े मटके खरीदें
आओ दाहू फल खाएँ।
दाहू फल बड़ा मीठा है—दाहू।

निम्नलिखित गीत उस दिन तत्काल गीत का एक हिस्सा था।

समूह गीत

साहेब की गाड़ी सड़क पर है,
सड़क पर है, सड़क पर है,
हमारी किस्मत होगी, हमारी किस्मत होगी,
बाघ उससे डरते हैं...

मैंने देखा कि वे सब हमारे पास आ गए जब हम आग के पास गए, और हमें शोर के अन्दर 'गाड़ी' शब्द सुनाई दिया लेकिन मैं श्री पारू माँझी का अनुवाद के लिए ऋणी हूँ।

हमारे खेमों के बरामदे में से देखने पर नजारा इतना प्रचंड और अजीब था कि कोई भी रोमांच का प्रेमी देखना चाहेगा।

आग की चमक ने सभी पर प्रकाश फैला दिया, पठार पर लगे सफेद खेमों को छू लिया, और पीछे जंगल को सोने की परत चढ़ाते हुए पहाड़ियों की काली और उदास रूपरेखा को उभार दिया।

गाना-बजाना आधी रात तक चलता रहा, और उसके बाद सभी अपने घरों में चले गए। कुछ को छह से आठ मील दूर जाना पड़ा। मैंने दो या तीन बूढ़े माँझी को खेमे में बुलाया और जब मैं ओल्ड टोम (मदिरा) से उनका मनोरंजन कर रहा था, तब सबसे वृद्ध उठा और उसने मुझे बताया कि उसे जाना होगा, क्योंकि उसे अपने गाँव की लड़कियों को गाँव में पहुँचाना है, क्योंकि लड़कियों को वृद्ध व्यक्ति की देखरेख में भेजना उनका रिवाज है, जो उनके अच्छे व्यवहार का जिम्मेदार होता है। उसने मुझे बताया कि वह कभी भी उन्हें युवकों के साथ नहीं जाने देता, क्योंकि वे सड़क पर शरारत कर सकते हैं। उसकी जिम्मेदारी पर सहानुभूति रखते हुए मैंने उसे तुरन्त जाने दिया; दूसरों ने भी उसके उदाहरण का अनुसरण किया, और इससे पहले कि मैं शाम का पाइप खत्म करता, हमें अँधेरे में अंगारे चमकते हुए दिखाई दे रहे थे।

यहाँ बिलकुल ठंड थी और थर्मामीटर 46° दिखा रहा था, जब हम हमारे बिस्तर में गए, और गरम रजाई के नीचे जाकर मैं बहत खुश था और मैंने पाया कि गरमी के लिए दो कुत्ते और एक छोटी पालतू शेरनी[1] मेरे पैरों के नीचे लेट चुके थे। एक बार मैंने चारकोल से खेमे में आग जलाने का प्रयोग किया, लेकिन वातावरण में इतनी घुटन हो गई कि मैं इससे छुटकारा पाने पर खुश था, और बाहर एक बड़ी आग जलाई, जिसे सिपाहियों द्वारा पूरी रात जलता हुआ रखा गया।

मैं प्राय: सुबह खेमों के उखड़ने का वर्णन नहीं करूँगा, वह भय जिसके साथ आपको खेमे के कुलियों के हथौड़ों की आवाजें सुनाई देंगी जब वे खूँटों को ढीला करना शुरू करते हैं। जब तक तेज हवा के साथ होती हुई सुबह मेरी निजता को भंग नहीं कर देती थी मैं कम्बलों से बाहर नहीं निकलता था, और खुले में शौच जाता था।

शौच जाने में सहायता करनेवालों को देखना मजेदार था; कुछ मुख्य सन्ताल आते थे और संघर्ष करते थे कि गिलास को कौन पकड़ेगा; दूसरी पार्टी शेविंग ब्रश को लाता था, जबकि एक तीसरा समूह एक गिलास पानी लाता था,

---

1. अब वह इंग्लैंड में एडमंड के शो में प्रदर्शन करती है।

और अपनी उँगलियाँ पानी में डुबोए हुए गिलास को पकड़े रहता था। एक बार मैंने अपने वृद्ध दोस्त सीबू को देखा कि मेरे प्रयोग करने से पहले वह ब्राउन विंडसर के साथ अपने पैरों की तली को पॉलिस कर रहा था। शेविंग के दौरान आमतौर पर चुप्पी रहती थी, और उसके खत्म होने पर वे लोग युवकों को मुर्गे पकड़ने के लिए तैयार करते थे। दोपहर तक चाय तैयार होती थी, हाथियों और गाड़ियों को पैक कर दिया जाता था, और इसके बाद किसी दूसरे स्थान पर शिविर लगाने के लिए चले जाते थे।

ये ठंडे मौसम की यात्राएँ मजेदार थीं और निकोलस स्टुअर्ट जैसे एक जैसी आदतों वाले दोस्तों के साथ कई मजेदार दिन ऐसे नजारों में बिताए जो वेल्स में लॉनवर्स्ट और कैपल केरिंग के बीच सड़कों पर होते हैं। मुझे मावा गुड़ी की चढ़ाई याद है, जो सबसे ऊँची पहाड़ी है, जहाँ हमने अपना क्रिसमस का त्योहार मनाया।

जब हम चढ़े तो हाथियों को अपने सूँड़ से पेड़ों को पकड़ना पड़ रहा था ताकि वे फिसल न जाएँ, और यात्रा का एक भाग उन्होंने अपने घुटनों पर तय किया। हमारे पास श्रीमान ईटन द्वारा प्रदान किया गया पहाड़ी लोगों का एक दल था, पास में ही एक कोयले की खान थी। ये कुल्हाड़ियों के साथ आगे चलते थे और हाथियों के लिए जंगल को साफ करते थे जिन्हें हम शिखर तक ले गए। वहाँ पहुँचने पर एक सुन्दर नजारा दिखाई दिया। हमसे 1,800 फीट नीचे एक सौ मील का एक विस्तृत मैदान था। इसके बीच से एक पानी का नाला बहता था जो एक चाँदी के बेल्ट की तरह चमकता था, जो नील के काले धब्बों के बीच से टेढ़ा-मेढ़ा चल रहा था। खेत और उनकी सीमाएँ एक विभिन्न भागों वाले शतरंज के बिसात की भाँति नजर आ रहे थे, जबकि सफेदी की गई झोंपड़ियाँ खिलौना घरों जैसी लग रही थीं जिनके चारों ओर अरंडी और जनीरा के बगीचे थे। हमारे पैरों के नजदीक पहाड़ी बाँस, फूलों वाली मेवा, बड़ी बेलें, और शाल के पेड़ थे, जो मिश्रित होकर हरियाली में खो जाते थे। एक भी पत्ता नहीं हिल रहा था। सम्पूर्ण प्रकृति एक शान्त मुद्रा में दिखाई दी। जब सूर्य छिपा, जैसे एक व्यक्ति दिन भर की मेहनत के बाद घर लौटता है, मुझे पश्चात्ताप हुआ—एक पश्चात्ताप कि जीवन की छोटी-छोटी बुराइयाँ और नाराजगी व्यक्ति पर इतना प्रभाव डाल देती हैं और यह सन्तुष्टि हमेशा एक व्यक्ति के कर्तव्य को पूरा करते हुए नहीं प्राप्त की जानी चाहिए; जबकि पूरी कहावत (आंशिक रूप से सत्य) मुझे याद आई, कि आखिर "युवावस्था एक गलती के अलावा कुछ नहीं है, प्रौढ़ावस्था एक संघर्ष है, वृद्धावस्था एक पश्चात्ताप है।" हम लम्बी घास पर लेटे हुए थे जिसके सिरे काँटेदार थे, एक इंच लम्बे, जो कपड़ों से चिपक

जाते हैं, और ऐसा लगता है मानो एक साथ कई सूइयाँ मांस में चुभ गई हों। चलना असम्भव हो जाता था, और इसके लिए कोई सहायता नहीं थी; जैसा कि उपन्यासकार जेम्स कहते हैं—

"दो भद्रपुरुष जो पहाड़ी लोगों जैसे थे, सफेद बुने हुए थोड़े से कपड़ों में, देखे जा सकते थे, जो कपड़ों से चिपकी हुई कुछ चीजों को उतार रहे थे, एक टहनी के नुकीले काँटे उनके मांस में घुस चुके थे। यह कठिन कार्य पूरा हुआ, और हम सावधानीपूर्वक अपने शिविर में आ गए।"

अध्याय : 20

सन्ताल परगना में बाघों की संख्या में चिह्नित परिवर्तन - रात को बाग में बाघों का दिखाई देना - भेड़ को खाना - एक गाड़ीवान की दुर्भाग्यपूर्ण मृत्यु - बाघ का पीछा - शरीर का भयानक रूप से दिखाई देना - आदमखोर - नौ लोगों को खा लेना - बक्सु का दुर्भाग्यपूर्ण अन्त - स्थानीय घुड़सवार द्वारा साहसपूर्ण पीछा - बाघ का बचकर निकल जाना - हाथियों का वापस लौटना - घोड़े पर बैठकर श्रीमान ए.एन. स्टुअर्ट द्वारा बाघ को गोली मारने का प्रदर्शन - छोटे बच्चे का बचकर निकलना।

पिछले कुछ वर्ष में सन्ताल प्रदेश में काफी बदलाव आ गया है। जहाँ पर घने जंगल और दलदल थे, जो कभी हाथियों, गैंडों, जंगली सूअरों, और उनके समकक्ष जानवरों का घर हुआ करते थे, अब वहाँ सन्तालों के काफी गाँव बस गए हैं, जो चावल, ईख, और जौ के खेतों में बने हुए हैं, जो अच्छी फसल देते हैं, और इस जनजाति की मेहनत का प्रमाण हैं। पहले एक संतरी द्वारा जगाना और पाकुड़ में बगीचे में एक बड़ा बाघ देखना आम बात थी। इस प्रकार से जागते हुए मैंने एक बार एक बाघ को मारा, और उसे देखने के लिए पर्याप्त रोशनी नहीं थी, और मैं आधी नींद में था। मैंने दो गोलियाँ हाथी के बाड़े में भी दाग दी, जहाँ दो हाथी और उनके चालक सो रहे थे। शुक्र है वे बच गए। लेकिन वह बाघ को नहीं और एक भेड़ को उठाकर ले गया। अगले दिन हमने दीवार पर उसके पैरों के निशान देखे, एक स्थान पर भेड़ के बाल गिरे हुए देखे। मैंने कई लोगों को जंगली जानवरों के द्वारा मरा हुआ देखा। कमिंग या कोई दूसरा बाघों का शिकारी यह कह सकता है कि एक जंगली जानवर के पंजों में आने पर व्यक्ति सन्तुष्टि का भाव अनुभव करता है, लेकिन ऐसे मृत लोगों के चेहरे को देखकर मैं कह सकता हूँ कि उनके चेहरे पर गहरे दुख की अभिव्यक्ति होती थी। मुझे एक उदाहरण याद है जहाँ एक गाड़ीवान अपनी गाड़ी में लकड़ियाँ ले जा रहा था। पास में एक छोटे से

जंगल से एक बाघ उस पर टूट पड़ा और उसकी बाईं बाजू पकड़कर उसे उठा ले गया। मुझे सूचना मिली और उसकी तुरन्त जंगल में तलाश की गई। वह एक मील दूर मरा हुआ मिला। उसकी बाजू को अलग कर दिया गया था, और बाईं पसलियों पर से सभी अस्थिबंध को फाड़ दिया गया था। उस आदमी के चेहरे पर गहरी पीड़ा का भाव था। उसकी आँखें बन्द थीं और उसके चेहरे पर झुर्रियाँ पड़ी हुई थीं। ऐसा लगता था कि उस एक मील तक घसीटे जाने के दौरान उसने जीवनभर की पीड़ा को सहा था। यह देखकर अजीब लगा कि घाव से कोई खून नहीं निकला था। बाघ ने एक पंजा उसके कान के पास रखा था और दूसरा उसके दूसरी तरफ और उसके हाथ को उखाड़ दिया था। एक आदमखोर बाघ के एक गाँव के पास होने का समाचार फैले हुए कुछ दिन हो गए हैं। यह गाँव घास से ढके एक टीले पर है। पास में एक तालाब और जंगल है जहाँ गाँव वाले लोग पानी पीते हैं और यह भी कहा जाने लगा कि हर सुबह एक आदमी, औरत, या एक बच्चे को उठा लिया जाता है। वह नौ लोगों को मार चुका था। इसके बाद गाँव वालों को अचानक विचार आया कि उसे मारना ही अच्छा है, इसलिए उन्होंने एमिकस के पास उसके कारनामों और ठिकाने की जानकारी भेजी।

लेकिन एमिकस को कई बार झूठे समाचार मिल चुके थे। उसने एक राजपूत चपरासी को सही समाचार का पता लगाने के लिए कहा।

तदनुसार बक्सु आगे बढ़ा जो बहुत बहादुर था, और छानबीन की। सुबह जल्दी एक लाठी लेकर अकेला निकला और वह वहाँ पर पहुँचा। किस्मत ऐसी थी कि उस समय उसने अन्तिम सूर्योदय देखा था। क्योंकि वह अभी उस स्थान पर पहुँचा भी नहीं था, एक बाघ ने दहाड़ते हुए उस पर हमला कर दिया, उसके कंधे पर पंजा मारा, जिससे उसकी बाजू टूट गई और वह जमीन पर गिर गया। इसके बाद बाघ वापस जंगल में भाग गया। मरने से पहले बेचारे बक्सू ने बताया—"कुछ देर तक तो मैं हैरान लेटा रहा, लेकिन जब मैं होश में आया तो मुझे अपना एक तरफ का हिस्सा ठंडा और सूना प्रतीत हुआ। मैंने अपने एक हाथ से अपने ऊपर कपड़ा डाला। मैं अभी हिला भी नहीं था कि वह जानवर मुझ पर दोबारा टूट पड़ा, और मेरी जाँघ में से मांस का एक टुकड़ा काटते हुए मेरे पेट और दूसरे हिस्सों को घायल किया और मेरे पास ही दुबककर बैठ गया।" इस समय तक गाँव वाले ढोलक बजाते हुए इकट्ठे हो गए थे और उसे भगा दिया—लेकिन तब तक काफी देर हो चुकी थी। बक्सु को बचाया नहीं जा सका। बाघ से बदला लेने की कसम खाने के बाद एमिकस एक हाथी पर चढ़कर लगभग 50 लोगों के साथ अपनी बन्दूक लेकर निकला। पूरा दल उस स्थान पर पहुँचा, और घास में हलचल ने दिखाया कि बाघ अभी वहाँ से गया नहीं था। एमिकस ने अपनी बन्दूक

चलाई। उसका धुआँ भी अभी साफ नहीं हुआ था कि बाघ झाड़ियों से निकला और देहात की तरफ भागा। वहाँ उपस्थित लोग डर गए जब पहले से ही डरा हुआ स्थानीय घुड़सवार चीखा और भाले से वार किया जो दूसरी तरफ बनी मिट्टी की दीवार में धँस गया और उसने पूरी गति से पीछा किया। "भगवान के लिए मेरे घोड़े का ध्यान रखना," उसका मालिक चिल्लाया। लेकिन उसे बाघ दिखाई दे रहा था और वह उसके पीछे बिना किसी परवाह के भागा। ऐसा लगता है कि उसने गाँजा पीया हुआ था और यह उस नशे का परिणाम था। मुझे यह कहते हुए खेद है कि उस दिन यह आदमखोर नहीं मारा जा सका। लेकिन यह कुछ समय बाद ए.एन. स्टुअर्ट की सटीक बन्दूक से मरा। लेकिन जब खेती बढ़ी तो बाघों और तेंदुओं की संख्या कम हो गई, कम समय में उनका अस्तित्व भूतकाल की बात हो जाएगी। ऐसे स्थानों पर जहाँ पहले सप्ताह में चार या पाँच बाघ देखे जा सकते थे, अब एकान्त हो गए हैं। वे भूखे मरते हुए पहाड़ों से चले गए हैं। सभी जानवरों में रॉयल बंगाल बाघ को पैदल चलकर मारना सबसे खतरनाक होता है। स्थिर हाथ और अच्छे निशाने और अच्छी बन्दूक के साथ भी शिकारी को कठिनाई आती है। लगभग तीन महीने पहले एक बाघ द्वारा जंगीपुर के पास एक भैंस को मारने का समाचार मिला, सन्ताल परगना से ठीक बाहर की तरफ। दल वहाँ गया और उन्होंने तीन या चार फीट ऊँची घास में इस जानवर का पता लगा लिया। यह घास दो या तीन एकड़ में फैली थी, लेकिन उसके बीच में एक साफ मैदान था, जहाँ एक पेड़ था जिसके चारों ओर कुछ बेलें थीं। यद्यपि उन्होंने दो बार घास को पार किया लेकिन कोई जानवर नहीं निकला। एक चरवाहे ने अपनी भैंसें इसमें से निकाली लेकिन कोई सफलता नहीं मिली। एक शिकारी ने पेड़ के पास बेलों को हिलते हुए देखा। उसने वहाँ एक बड़ी लकड़ी से मारा। दुर्भाग्य से यह लकड़ी बाघ के सिर में लगी। वह तुरन्त बाहर कूदा और एक पंजे से उसके सिर की खाल उधेड़ दी और बाल उसके मुँह पर आकर गिरे। हवा में पूँछ घुमाते हुए भैंसें भागीं, जोर से आवाज करती हुई, और दो हाथियों ने भी ऐसा ही किया, एक आम के पेड़ों की तरफ भाग गया, जिसकी टहनियाँ इतनी नीची थीं कि उसकी पीठ पर हर चीज को गिरा सकती थी। सौभाग्य से उसका महावत घायल नहीं हुआ और न ही सवार घायल हुआ। जब वह रुका तो पाया गया कि अब वह हाथी वापिस युद्ध स्थल पर नहीं जाएगा, चाहे आग्रह कर लो या जबरदस्ती। इसलिए श्रीमान ए.एन. स्टुअर्ट दक्षिणी अमेरिकी घोड़े पर चढ़ा। उसके पास एक डबल ब्रीच-लोडर थी और वह आगे बढ़ा। कुछ कठिनाई के बाद उनका घोड़ा घास में घुसा, और जल्दी ही बाघ मिल गया। मेरा दोस्त उस स्थान पर दो गज आगे बढ़ा, और बाघ पीछे हटा, लेकिन घास के किनारे पर, जहाँ वह अधिक

ऊँचा था, लुप्त हो गया। एक दुर्भाग्यशाली चरवाहे के चीख ने बताया कि वह दूसरी तरफ है। एक पल में वह खुले में आया उसके पंजों में एक और शिकार था। उसकी पीठ को फाड़ डाला गया था, और बाघ जंगल के किनारे पर था। लेकिन उसका खात्मा हो गया जब ब्रीच लोडर से एक गोली ने उसके कंधों के नीचे चोट मारी। वह मुड़ा और चरवाहे के बेटे के सिर पर पंजा मारा, जिससे वह बेहोश हो गया। हालाँकि यह शानदार जानवर निराशाजनक रूप से घायल हो गया था, लेकिन लड़के को छोड़ते हुए श्रीमान स्टुअर्ट पर हमला किया जिसने दूसरी गोली उसकी छाती में मारा। इससे वह गिर गया। जिन दो लोगों पर हमला किया था वे मर गए। लड़का बेहोश था। उसको कोई खरोंच नहीं आई थी और उसे जल्दी होश आ गया। इसके बाद एक लम्बे समय तक यह भय रहा कि वह लड़का पागल हो जाएगा, क्योंकि वह नींद में चलता था, और 'बाघ, बाघ' कहकर चिल्लाता था और पागलपन में घूमता था। लेकिन समय ने उसे शक्ति दी और उसकी तंत्रिकाओं को शान्त किया, और उसका भय निकल गया। वह 12 वर्ष का था। बाद के दिनों में शायद उसे वह बुरा सपना फिर से दिखाई देगा। यदि वह जीवित रहा तो अपने पोतों को वह इसकी कहानी सुनाएगा, लेकिन उसे उस जानवर की प्रकृति और स्वरूप का वर्णन करना होगा जिसने उस पर हमला किया था। क्योंकि देश के इस हिस्से से बाघों के पूरी तरह से लुप्त होने की प्रत्येक सम्भावना है, और उनके साथ ही आसपास के क्षेत्र में शिकार का रोमांच भी खत्म हो जाएगा।

अध्याय : 21

परगना में साँप और रेंगनेवाले जानवर - करैत के काटे जाने से एक व्यक्ति को बचाना - सक्रिय उपाय - खेल की वर्तमान कमी - हाथी और गैंडे - शिकारियों के रूप में सन्ताल - उनके शिकारी समूह - शिकार के लिए संकेत - सड़क पर रिवाज - शिकार के लिए आग का प्रभावी प्रयोग - इसे पूरी तरह बुझाने के सफल प्रयास - अतिशयोक्ति - शिकारी समूह को अलविदा - निष्कर्ष

साँप और बिच्छू परगना के सभी हिस्सों में मौजूद हैं, और उनमें से कई एक घातक किस्म के हैं। इनमें कोबरा, करैत, चीत्ती या चित्तीदार साँप, धामिन (गाय-का दूध पीनेवाला) शामिल हैं, और कई अन्य हैं जो पुराने घरों के छप्पर में रहना पसन्द करते हैं। गोड्डा के बँगलों में से एक का नाम 'साँपों का महल' रखा गया है, क्योंकि इसमें बड़ी संख्या में साँप पाए जाते हैं। मैं यह कभी नहीं जान पाया कि क्या मूल निवासियों को अपने काटे जाने के लिए किसी भी दवा का ज्ञान है या नहीं और जिसके परिणामस्वरूप बड़ी संख्या में मौतें हुई हैं। एक उदाहरण में दो आदमी और एक लड़का पाकुड़ मंडल के एक घर में सो रहे थे, जब एक करैत उनके सोने की चटाई के नीचे रेंग गया, और अगली सुबह तीनों मृत पाए गए। मैंने एक आदमी को केवल एक उदाहरण में एक करैत, या चेतक सर्प के काटने के बाद बचते हुए देखा है, और वह उस समय मेरे ही बगीचे में काम कर रहा था। चीख सुनकर मैं बाहर भागा और उसे मैंने एक करैत द्वारा हाथ के पीछे काटता हुआ पाया। उनके कुछ साथी साँप को मारने में व्यस्त थे, जबकि अन्य लोगों ने उसके चारों ओर भीड़ लगाई हुई थी। वे उसकी अन्तिम इच्छाओं को जानने के इच्छुक थे, क्योंकि उसने सभी को सूचित किया कि वह अधिक से अधिक एक घंटे तक जीवित रह सकता है। सौभाग्य से विक्षुब्ध होने के बाद मेरे हाथ में एक उस्तरा आया और इसके साथ बाहर भागा। उसके मांस पर काटने के निशान को देखकर मैंने उससे कहा कि वह अपना सिर घुमा ले, और इससे पहले कि वह

कुछ प्रतिवाद जता पाता मैंने उसके पूरे हाथ पर एक चीरा लगा दिया। मैंने तब अपने नौकर से कहा कि चारकोल की आग में एक चाकू गर्म करे, जो बरामदे में था। मैं बस नाश्ता करने जा रहा था। थोड़े समय के लिए घाव को स्वतंत्र रूप से बहने देने के बाद, मैंने चाकू को लगभग लाल-गर्म कर दिया और जख्म पर प्रयुक्त किया। यह सक्रिय उपचार सफल साबित हुआ, और उसका केवल जख्मी हाथ ही इलाज के लिए बच गया।

परम्परा कहती है कि जंगली हाथी और गैंडे कुछ बीस साल पहले प्रचुर संख्या में थे। अब गैंडे लुप्त हो चुके हैं, और हाथी की तीन प्रजातियाँ शेष बची हैं। इन तीनों में से एक, सामान्य विवरणी के अनुसार एक शानदार जानवर है। इस वर्ष की शुरुआत में जंगल से गुजरते हुए, मैं उसके मार्ग पर आया, और एक जेब के रूमाल के साथ कीचड़ में उनके निशान का आकार मापा। एक पदचिन्ह के छाप की परिधि साढ़े चार फीट से अधिक थी, जो उसे नौ फीट ऊँचा बनाता है। आस-पास के ग्रामीणों ने मुझे बताया कि तीनों अविभाज्य थे, और वे पके हुए अनाज को पसन्द करते थे। इसलिए, वे एक छोर पर एक गाँव में प्रवेश करते थे, जो निवासियों के लिए दूसरे स्थान पर गायब होने का संकेत था, और किसी भी व्यंजन के लिए दुकानों का निरीक्षण करने के बाद जो उन्हें लुभा सकते थे, वे एक या दो घरों को खींचकर मनोरंजन के लिए तोड़ डालते थे और फिर चुपचाप चले जाते थे। वसंत और पतझड़ के मौसम में इन असुविधाजनक यात्राओं को आम तौर पर साल में दो बार देखा जा सकता है।

कुछ मोर और कुछ हिरण शिकार के लिए आकर्षित करे हैं लेकिन सन्तालों में संरक्षण की प्रवृत्ति न होने के चलते शिकार की कोई गुंजाइश नहीं बची है। मैं उन्हें शिकारी या मुश्किल से उनके लिए कोई शब्द इस्तेमाल करना चाहूँगा। वे दो, तीन सौ से लेकर पाँच हजार की संख्या में इकट्ठे होकर मुगदर, धनुष, तीर, और भाले लेकर चलते हैं। दो पंक्तियाँ बनाते हैं, और जंगलों में कई दिनों तक चलते रहते हैं और रास्ते में आनेवाले प्रत्येक पक्षी, जानवर, सरीसृप को मार डालते हैं। वे संकेत के रूप में साल की टहनी पर एक घास का तिनका लपेटकर भेजते हैं। यह उस गाँव से अगले गाँव में ले जाया जाता है जहाँ इस योजना की शुरुआत होती है, और वहाँ पर माँझी सदन के पास इसकी रूपरेखा दी जाती है। उसे देखने के बाद इकट्ठा होने के स्थान और समय के प्रश्नों के उत्तर मिलने पर उस शाखा को दूसरे गाँव के किसी हृष्ट-पुष्ट युवक को दे दी जाती है जो इसे दूसरे गाँव में देने के लिए झटपट दौड़ लगाता है और धीरे-धीरे यह समाचार इस पूरी जनजाति में फैल जाता है। निर्धारित दिन को गाँव के लोग हथियार, सूखे चावल या दालें लेकर चार से पाँच दिन का प्रबन्धन करके चलते हैं। वे अपने

सिरों पर मोर के पंख लगाकर और अपनी कमर पर बाँसुरी रखकर शिकार के स्थान पर चल पड़ते हैं।

मार्ग में वे हँसी-ठट्ठा करते हुए, बाँसुरी बजाते हुए और ढोल बजाते हुए चलते हैं। इस प्रकार वे सौ मील तक की यात्रा तय कर लेते हैं। वे रात को किसी सुविधाजनक तालाब के पास रुकते हैं, या पेड़ों के नीचे पनाह लेते हैं। फिर वे शाम का खाना पकाना शुरू करते हैं, जिसमें चावल और दाल के अलावा और कुछ चूहे, एक से दो बूढ़े कौवे और साँप भी होते हैं जो उन्हें मिल जाते हैं। गाँव के बड़े लोगों या मुखिया को जब भी चाहें मदिरा पीने की छूट होती है। वे अपने साथ बीयर और देशी शराब लेकर चलते हैं, जबकि युवक भोजन तैयार करते हैं। उनके गानों और मौज-मस्ती को रात को दूर तक सुना जा सकता है। उन 400 या 500 के समूहों को मौज-मस्ती करते हुए रात को दूर तक सुना जा सकता है जिन्हें पेड़ों के तले धरती पर ऐसे नींद आती है जैसे किसी मखमली बिछावन पर सोये हों। कुछ लोग कहते हैं कि मन जितना असभ्य होता है उसमें पाशविक आनन्द की प्रवृत्ति उतनी ही अधिक होती है। रूखा और मजबूत स्वास्थ्य जो उन्हें अपने पाशविक जीवन से मिलता है, उन्हें अपने-आप में आनन्द देता है। जब एक असभ्य आदिम जाति का सदस्य हमारी काली चिमनीदार टोप को देखता है तो वह हँस सकता है, यदि वह सोचता है, विचार प्रकट करता है, कि पाशविक जीवन में इसकी अपनी खुशी है जिसका आनन्द एक सभ्य आदमी कभी भी नहीं उठा सकता।

काले और भूरे तीतर पहाड़ों में अभी भी प्रचुर मात्रा में हैं, और गोड्डा के पास काफी संख्या में खरगोश हैं। पिछली बार जब मैं हाथ में बन्दूक लिये हुए शिकार के इंतजार में खड़ा था तो मुझे वहाँ खरगोशों की संख्या देखने का अवसर प्राप्त हुआ। क्योंकि दो घंटों तक कोशिश करने और निशाना न लगाने के बाद मुझे विचार आया कि मुझे आग जलानी चाहिए। इसलिए मैंने आग जला ली क्योंकि हवा भी अच्छी चल रही थी और उसमें मैंने सूखी घास डाल दी। हवा के कारण यह एक ही पल में फैल गई। जल्दी ही आग इतनी भड़क गई थी कि उसकी विनाशक तत्त्व हर दिशा में फैलने लगी। कुछ पलों के लिए मैं ऐसा महसूस कर रहा था जैसे एक बच्चे ने एक विशाल इंजन को चला दिया हो जिसकी शक्ति अब नियंत्रण से बाहर है। मुझे कहना पड़ेगा कि मैं अपने-आप में बहुत छोटा महसूस कर रहा था। आग मेरे शिविर की तरफ फैल रही थी, और मार्ग में एक गाँव के लिए खतरा बन गई थी। जो सन्ताल मेरे लिए काम कर रहे थे अँधेरे में बैठे थे और साहब की बुरी किस्मत के बारे में बात कर रहे थे, लेकिन ज्योंहि उन्होंने आग की लपटों की आवाज सुनी जो पेड़ को छू रही थी, वे आलस को त्यागते

हुए चीखें और चिल्लाएँ, जंगल की लम्बाई छह कोस थी जिसके बीच में कई गाँव थे, और सबसे बुरी बात तो यह थी कि उनके खुद के घर भी बहुत दूर नहीं थे। यह एक शरारती के लिए एक मजेदार स्थिति थी। आग को बुझाना निराशाजनक था, और गरमी इतनी ज्यादा थी कि हमारे पैरों के नीचे पत्ते सूखकर मुड़ गए थे। हमारे पास समय नहीं था, क्योंकि हमारे चारों ओर सूखी घास जल रही थी, और यह जंगल का निचला हिस्सा था, जबकि ऊपरी हिस्से में कँटीली झाड़ियाँ थीं जो औसतन 8 से 10 फीट ऊँची थी, जो अप्रैल महीने के सूर्य द्वारा आग के लिए अच्छी तरह से तैयार कर दी गई थी। सम्भावना थी कि खुले में आने से पहले हम सभी वहाँ भुन जाएँगे। हम तेजी से भागे। बारूद ढोनेवाला आदमी उसे फेंकने की अनुमति लेने के लिए विनती करने लगा। लेकिन कोई परवाह किये बिना हम एक अधिक खुले स्थान पर भागकर आ गए, जहाँ पेड़ नहीं थे और वहाँ आकर परामर्श किया। एक वृद्ध सन्ताल जो मार्ग में हमारे साथ शामिल हो गया था, कुछ युवा सन्ताल ग्रामीणों को लेकर आ गया, और मुझे बताया कि यदि आग को बुझाया नहीं गया तो एक हजार घर खाक हो जाएँगे। एक हजार महिलाएँ और बच्चे जल जाएँगे, और काफी संख्या में घायल हो जाएँगे। लेकिन उस वृद्ध ने कहा कि हम उसे बुझा सकते हैं—यहाँ पर वह रुक गया। मैंने उसका कंधा पकड़ा और उसने बताया कि आग से कुछ दूरी पर बिना पेड़ों का एक स्थान है और उस पर लम्बी घास उगी है और यदि हम उसके जवानों के साथ वहाँ पहुँच सकते हैं तो हम एक पंक्ति का निर्माण कर सकते हैं और उस घास को उखाड़ सकते हैं ताकि आग फैले नहीं। उसके मुँह से शब्द कठिनाई से निकल रहे थे, जब मैंने उसके जूड़े को पकड़ा (जिसे औरत अपने सिर पर बालों से बनाती हैं), और यद्यपि वह एक बड़ा पीपा के आकार का था, और उसने हिंसात्मक परिश्रम छोड़ दी थी, लेकिन मैंने उसे खींचा और एक सन्ताल ने पीछे से धकेला, जिसका घर पास में था, उसके उत्साह को देखकर हम उसे घसीट ले गए। हम जल्दी ही वांछित स्थान पर पहुँचे। लेकिन वह वृद्ध व्यक्ति तुरन्त थककर नीचे गिर गया और जिस तरह से उसके साथ व्यवहार किया जा रहा था उससे वह डर गया। दुर्भाग्य से आग कैसे बुझाई जा सकती है यह परामर्श देने की बजाय अपने मुँह को फाड़कर बैठ गया और कुछ ऐसा बोला जो समझ में नहीं आ रहा था। लेकिन उसके एक समझदार बेटे ने सुझाव दिया कि सखुआ के कुछ बड़े पत्तों को काटा जाए और जब आग घास के पास आ जाए तो हमें इसे बुझाना चाहिए। क्योंकि एक सन्ताल कभी भी उसके मध्यम आकार के डंडे के बिना नहीं रहता है, और जल्दी ही हर एक व्यक्ति के पास एक टहनी थी, और हम एक साथ पंक्ति में खड़े हो गए ताकि दुश्मन को हरा सकें, जो धुएँ की एक काली छतरी के साथ

एक क्रोधित राक्षस की तरह दहाड़ रहा था। इसे हरे पहाड़ी बाँसों की एक लम्बी पंक्ति से गुजरना कठिन लगा। इससे हमें आराम मिल गया, घास को कुचलने के लिए हम एक साथ आगे बढ़ने लगे जो घने जंगल में थी। लगभग 300 सन्ताल इकट्ठे हो गए थे और उन्होंने एक पंक्ति बना ली थी और प्रत्येक के पास एक हरी टहनी थी। दूसरे स्थानीय लोगों की तरह वे बौखलाए नहीं, लेकिन आग की तरफ देखते हुए उम्मीद के साथ खड़े थे, जो जल्दी ही एक सूखी झाड़ी में लग गई, और पूरी पंक्ति को पीछे हटना पड़ा। गरमी के कारण कठिनाई हो रही थी। इसके बाद हमने घास को कुचल दिया जिससे आग की गति धीमी हो गई, और हमने इस पर हरी टहनियों से प्रहार किया। हम सभी लोग इस तरह लग रहे थे मानो एक विशेष प्रकार की हॉकी खेल रहे हों। दोनों तरफ से पीटने के बाद अन्त में आग ऊँची झाड़ियों को छूने से पहले बुझ गई। आधे घंटे तक सामने पीटने के बाद हमने अपने प्रयास किनारों में जारी रखे और हम आग बुझाने में कामयाब हो गए। मैं यह प्रमाणित कर सकता हूँ कि आग एक आखेट को जन्म दे सकती है पर जब हम उसके आगे हों क्योंकि मैंने देखा कि बड़ी संख्या में तीतर, दो या तीन मोर, असंख्य खरगोश आग से बचने के लिए भागे। कुछ खरगोश टकराए, लेकिन एक भी मेरी बन्दूक से नहीं मरा क्योंकि आग लगने के तुरन्त बाद ही एक व्यक्ति ने बन्दूक मुझसे ले ली थी। जब मैं वापिस लौटकर आया तो मेरे खेमे में थर्मामीटर 98° दिखा रहा था, लेकिन यह जंगल में आग से काफी कम था। मैं पसीने में सराबोर और धूल और धुएँ से भर गया था इसलिए मैं नहाया, एक कप ठंडी चाय के साथ अपनी पाइप पी। मैंने देखा कि कुछ देर बाद पाइप में रखी आग के सम्बन्ध में शिविर के सभी लोगों ने आग के लिए सावधानी दिखाई। अप्रैल और मई के महीने में जंगल को जलाना एक रिवाज है, क्योंकि ऐसा करने से पशु चराने के लिए नई घास काफी तादाद में होती है, लेकिन मेरी गलती यह थी कि मैंने हवा की दिशा का अनुमान गलत लगाया। सम्भावित विनाश की सीमा और शामिल जनसंख्या के सम्बन्ध में माँझी द्वारा दी गई जानकारी अधिक बढ़ा-चढ़ाकर दी गई थी, क्योंकि हर दो या तीन मील की दूरी पर खाली स्थान उपलब्ध थे। ये आग को रोकने के लिए पर्याप्त थे, और आसपास बहुत कम गाँव थे।

जब मैंने बूढ़े सीबू और कुछ दूसरे माँझी को सन्ताल परगना को छोड़कर जाने का इरादा बताया तो उसने विदाई के रूप में एक बड़े शिकार का आयोजन करने का प्रस्ताव रखा क्योंकि हमने काफी समय साथ बिताया था और उसने मेरे लिए काफी शिविर लगाए थे। इसके लिए मैंने हामी भर दी और साथ ही दो या तीन दोस्तों को भी लाने के लिए कहा। ऐसा प्रतीत होता है कि साल की टहनी और सीबू की भागीदारी इतना जोरदार और सक्रिय था कि एक अविश्वसनीय कम

समय में यह पीलापुर से रानीगंज (एक सौ नब्बे मील) तक फैल गया। यह कहा जा रहा था कि 20,000 लोग आएँगे। शिकार में सहायता करनेवाले लोगों के इतने बड़े दल का जमा होना किसी की भी इच्छा हो सकती है, लेकिन मेरे दोस्तों को सन्ताल विद्रोह याद था। वे इतने सारे सन्तालों के बीच असुरक्षित महसूस करने लगे, और उन्होंने मुझे कहा कि अच्छे घोड़े पर और दल के बाहर की तरफ रहना उचित रहेगा। दस हजार लोग ही अव्यवस्थित हो जाते हैं। इसलिए मैंने कमिश्नर श्रीमान मनी को सूचित किया, जिन्होंने कहा कि पाँच हजार लोग बिलकुल उचित होंगे। इसलिए मैंने उन्हें आने से रोकने के आदेश दिये, और निर्धारित दिन को केवल तीन हजार आए। उस दिन छह हिरण, चालीस खरगोश, और बड़ी संख्या में तीतर, मोर और कुछ बेचारे जंगली कबूतर मारे गए। धूप इतनी तेज और जंगल इतना अस्वस्थ था कि मुझे रुकना पड़ा और उन्हें स्वयं चालीस मील तक जाने दिया। खेमों को ले जाना और मलेरिया से भरे क्षेत्र में पेड़ों या छोटी झाड़ियों के नीचे रुकना कठिन था। छाया में भी थर्मामीटर 110^{0} दिखा रहा था।

अपनी अव्यवस्थित टिप्पणियों को देखने पर मुझे भारत में चीनी सूअर पालने के रिकॉर्ड मिले, बाघों और हिरणों के पीछे कई असफल दिन, ठंड के बुखार का उपचार, मामलों की टिप्पणियाँ, यहाँ-वहाँ बिताए कुछ बहुत ही आरामदायक पल आदि मैंने लिखे थे। मैं इस उम्मीद से खत्म कर रहा हूँ कि सरकार ऐसे परामर्शदाताओं से बचेगी जो एक ऐसे जनजाति में विनियमन व्यवस्था को लागू करने की सलाह दे सकती हैं जिसे सुधार की आवश्यकता है और जो इसे चाहिए। मैं केवल इस जनजाति के लिए यह लिख रहा हूँ। मुझे डर है कि कहीं अन्य स्थान पर यह गम्भीर गलती भी साबित हो सकता है।

मेरी कलम अन्त की ओर बढ़ रही है। अनिच्छुक हाथ धीरे-धीरे चल रहे हैं, क्योंकि दिमाग उन अच्छी बातों से भरा है जो इस जनजाति और इसके शासकों में थी। बुरी बातें पहले ही समय बीतने पर ठीक हो गई हैं। कमियाँ दूर हो गई हैं। जो कुछ अच्छा है वह अधिक मजबूत होकर सामने आया है। सन्तालिया! आपको और अपकी सभी चीजों में उन्नति हो, मैं भी आपसे विदा लेता हूँ।

APPENDIX

SONTHAL SONGS*

1st SONG

1. Baran riehido dayagi rah edgy.
2. Ayogo tala guindare Buru chetan chotante.
3. Pinchar maradoh harah latar latarte.
4. Sikiyam Baha Bareng rohor darere.
5. Mirudo hopon akatkoe.
6. Heyo liting me kaki Ba Budo heyo liting kaki setahre eimdoh rah ledai.
7. Bargi pothaumdo tuh kahkan.
8. Nayogo dela gnel jong.
9. Baru lodam lodamte juri tiriyo.
10. Harsh latar latarte dundha sadekan.
11. Setai doko mena achil poehil gnelketodo dai jange jhanti dai.
12. Lippi knmbah muthul duar.

---

* These translations are by the Rev. F. Lehman, to whom I am Indebted for them.

১ সেরেং।

১ বুরুরে রিচিদো দাম্নাগি রা: এদায় ;

২ আয়োগো তালাঞ্জিন্দারে বুরুচেতান চেতানতে ;

৩ পিন্‌চার মারা: দো হারা: লাতার লাতারতে ;

৪ সিকিয়াম বাহা বারেং রহড় দায়েরে ;

৫. মিরুদো হোপোন আকাত কোএ ;

৬ হোয়ো লিতিং মে কাকি বাবুদো হোয়ো লিতিং
কাকি সেতা: রে সিমদো রা: লেদায় ;

৭ বাড়গি পোথামদো তু: কা: কান ;

৮ নায়োগো দেলা এ্রেলজং ;

৯ বুরু লোদাম লোদামতে জুরি তিরিয়ো ;

১০ হারা: লাতার লাতারতে দুক্কা সাডেকান ;

১১ সেতায় দেকো মেনা আচিল পাচিল এ্রেল-
কেতোদো দায় জাঙ্গো ঝান্তি দায়.

১২ লিম্পি কুম্বাহ মুত হুল দুয়ার ;

2nd SONG

1. Dosh manse kukhimay rakalom Baro manse danda. may rakalom ebekaise rackabo madhiya, duyar rahi lagigclare thesh, dosh manse kukhimay rakha-lom Baro manse danda, may rakhalom elsekaiso rakabo madhiya yayokera mayakoise chhora Bore ;
2. Utho dhanichala dhanigo yuth dhanichala dhani ghorge, dada dhani yuthi chali jay, tilayaka tandi purbhu ghora jhini lags, yayokera mayakoiso chhora Bore ;
3. Baba hipaoyalang mutha Bhari taka oyajo Bhayahi paoyalang surusingya Barada, mayabin paoyalang kanchura kapra jore;
4. Mutha hhari taka paoya yudali jay gel surasingya Barada gada shot. jay gelo, kanehura kapra jo chhitali jai gelo, mathaa Bhari sindura jo jonome jonome dagbhel.

২ সেরেং ।

১ দশ মাঁসে কুখিমায় রাকালোম, বারো মাঁসে
ডাগুামায় রাকালোম, এ বেকাইসে, রাখাবো
মাধিয়া, ছুয়ার রাহি লাগি গেলারে ঠেশ.
দশ মাঁসে কুখিমায় রাখালোম, বার মাসে ডা-
গুামায় রাখালোম, এ বেকাইসে, রাকাবোমা-
ধিয়া, য়ায়োকেরা, মায়াকাইসে ছড়াবরে.

২ উঁঠ ধানিচালা ধানিগে, যুঠ ধানি চালা ধানি
ঘরগে চালা ধানি চালা, যুঠি চালিজাই.
তিলামাকা টাগুি পুর্ডূ ঘোড়া জিনি লাগা য়া-
য়োকেরা মায়া কইসে ছড়াবরে.

৩ বাবা হিঁপাওয়ালাং মুঠা ভারি টাকা ও য়ায়ো
ভায়াহি পাঁও ওয়ালাং, সুরু সিঙ্গা বারাদা
মায়াহিঁ পাঁওয়ালাং কানচুরা কাপড়া জরে.

৪ মুঠা ভারি টাকা পাওয়া যুদালি জায় গেল, সুরু
সিঙ্গা বারাদা গাডা শতে জায় গেল ;
কাংচুরা কাপড়া জো ছিটালি জায় গেল, মাথা
ভারি সিন্দুরা জো জোনোমে জোনোমে দাগ
ভেল.

3rd MARRIAGE SONG

1. Baring teko disomdo seyalorn dah ho seyalom dah ;
2. Najing teko disomdo nagi gando dahhon nagi gando dah ;
3. Kochare koerado lewer kodor kaerado, lower kodor kaerado
4. Bargere matkomdo lokom duri matkomdo lokom duri matkom
5. Puthi hallo guelte sasanging lalakana sisingye for kedingyai
6. N aki kohme maina rotkohmo koyaliro mai toys Balsa mai rebetchongme.
7. Juri juri day sari surjom handle akando, dai kandir akando.
8. Nit mans mit kliala tikinma Bar khala gupi aing Baing siyo : a
9. Kasi tandi tiriyoing poyora, Baing poyora.

৩ বাপলা সেরেং।

১ বারি তিকো দিসোমদো সেয়ালোম দা: হোঁ
সেয়ালোম দা:,

২ নাজিং তিকো দিসোমদে। নাগি গাণ্ডো দা: হোঁ
নাগি গাণ্ডো দা: ;

৩ কোচারে কাএরা দো লেওয়ের কদর কাএরা দো
লেওয়ের কদর কাএরা.

৪ বাড়গিরে মাতকোম দো লকম ছুরি মাতকোম
দো লকম ছুরি মাতকোম ;

৫ পুঠিহাকু ঞেলতে সাসাঙ্গিং লালাকান সিসিঙ্গে
তর কিদিঙ্গা ;

৬ নাকি ক: মে মাইনা রতকোমে কোয়ালিরে মাই,
তোয়া বাহা মাই রেবেৎ জোং মে.

৭ জুরি জুরি দাই জুরি সার্জোম কাণ্ডির আকান
দো দাই কাণ্ডির আকান দো.

৮ নিত মানা মি:খালা তিকিন মা বার খালা গুপি
আইং বাইং সিয়ো: আ.

৯ কাসি টাণ্ডি তিরিয়োইং পোয়োড়া বাইং পয়োড়া

4th SONG

1. Nutumeto aile baba kutume ailo baisal agu agu machi pirha dehore tahin piehnu guti jol huka anore puts chilim anore huka tamakur borore beohar khauya piya solore sonjog.
2. Purub so posehim so ayela jugiya baieeho jugiya dhoromo duyariyaho dhorome duyariya kina kina lebe puta kina kina lebe khan king lebe put, king king lebe jugike debo yoke aruwa chaula jugeke debo yeho kacha data nahami lebogo baba yeho yarwa chaula nahami lebogo baba yeho kacha duda hamiyayo lebogo baba saunwa sinir bitiya ho sounwa sinir bitiya.
3. Sikiriko sikiri sone kiri sikiri banarige banareige go baba rupa kiri banarsi tire jugs lagi baba sone kiri. sikiri tire jnge lagi baba rupe kiri Banarsi kata lomachhindalom go baba sone kiri

sikiri kakaloma chhira tom go baba rupe kiri banar ko-nabin choralang sonakiri sikiri konahin siri jalang rupe kiri banarsi ishorahin siri jalang hon sono kiri sikeri isborahin joralang rupe kiri banarsi rupe kiri banarsi.

৪ সেরেং।

১ কুটুমেতো আইলে বাবা কুটুমে আইলে বাইসাল আগু আগু মাচি পিড়হা দেহরে তাহিঁ পিছু ঘুটি জল হুকা আনরে পুতা ছিলিম আনরে হুকা তামাকুর বোড়োরে বেওহার খাওয়া পিয়া সোলোরে সঞ্জোগ.

২ পুরুব সো পশ্চিম সো আয়েলা জুগিয়া বাইসে হো জুগিয়া ধরমে দুয়ারিয়া হো ধরমে দুয়ারিয়া কি না কি না লেবে: পুতা কি না কি না লেবে: কি না কি না লেবে: পুতা কি না কি না লেবে যুগিকে দেবো যেহো আরুওয়া চাউলা যুগিকে দেবো যেহো কাচা দুতানাহামি লেবোগো বাবা যেহো আরুওয়া চাউলা নাহামি লেবো গো বাবা যেহো কাচা দুদা হানিয়ায় লেবো গো বাবা সাঁওয়া সিনির বিটিয়া হো সাঁওয়া সিনির বিটিয়া,

৩ সিকিড়িকে সিকিড়ি সোনে কিরি সিকিড়ি বানাড়সিগে বানাড়সিগে গো বাবা রুপে কিরি বানাড়সিতিরে জুগে লাগি বাবা সোনে কিরি সিকিড়িতিরে জুগে লাগি বাবা রুপে কিরি বানাড়সি কাটা লোমা ছিণ্ডা লোম গো বাবা সোনে কিরি সিকিড়ি কাটা লোমা গো বাবা রুপে কিরি বানার কোনাহিঁ চড়ালাং সোনে কিরি সিকিড়ি কোনাহিঁ সিরি জালাং রুপে কিরি বানাড়সি ইশ্বরাহিঁ সিরি জালাং হোঁ সোনে কিরি সিকিড়ি ইশ্বরাহিঁ জোড়ালাং রুপে কিরি বানাড়সি রুপে কিরি বানাড়সি.

5th SONG

1. Ul d are tale dare rohoiben jabaring rohoiben Bandh-ben pukhriben gjuitumben jabaring gniutben
2. Pukhri pindero kadam darire sasang chenne do dalahi latarere Edel darire hende piyo do ;
3. Baru chetan tirom thelka latar lipido anjom meso hiliho manjam akan birdo dayegi ragai
4. Sing Bongaraj do hejuhte senohte chiya lidingjai pandara rajdo sindur sarire atang letingjai.
5. Gads are orate rote barmlung duludung bai gue guela nai arete icha haku chauriya bakdo bai gue-guela.

৫ সেরেং ।

১ উলদারে তালেদারে রোহোইবেন জাবারিং
রোহোইবেন,
বান্ধবেন পুখুরিবেন ঞিউতুমবেন জাবারিং
ঞিউতুমবেন.

২ পুখুরি পিণ্ডেরে কাদাম দারেরে সাসাং চেঁডেদো,
দালাহি লাতারেরে এদেল দারিরে হেণ্ডে পি-
য়োদো.

৩ বুরু চেতান টিরোম টেল্কা লাতার লিপীদো,
আঞ্জোমমেসে হিলিহো মাঞ্জান আকান বীর্দো
দারাগি রাগায়.

৪ সিংবোঙ্গা রাজদো হেজু:তে সেনো:তে চিয়া
লিদিঙ্গায়,
পাণ্ডারা রাজদো সিন্দুর সাড়িরে আতাং লে-
দিঙ্গায়.

৫ গাড়া আড়ে আড়েতে রোটে বারুডাং ডুলুডুং
বাই ঞে-ঞেলা,
নাই আড়ে আড়েতে ইছা হাকু চাঁউরিয়া বা-
কদো বাই ঞে-ঞেলা,

6th SONG
LAMENTATION POE THE DEATH OP A CHILD

1. Jae jare dullarya tingdo, ardo okare tahenkan tingia ?
2. Ingdo men keda bugegi menai tinya.
3. Haire haire dhon tingdo okarbo.
4. Tin dine jom lode !
5. Jare jare dallarya tingdo okakoreye suroh baraikan tingya
6. Ingdo menkedaing .jahan lekateye beret ketingya.

৬ সেরেং।

১ জারে ২ দুল্লাড়িয়া তিংদো, আরদো ওকা-
কোরে তাহেঁন কান তিঙায়.

২ ইংদো মেন কেদা বুগেগি মেনায় তিঙা.

৩ হায়রে হায়রে ধন তিংদো ওকোর বা.

৪ তিন দিনে জোম লিদা.

৫ জারে জারে দুল্লাড়িয়া তিংদো ওকাকোরেয়ে
সুরোহ বাড়ায় কান তিঙা.

৬ ইংদো মেনকেদাইং জাহাঁ লেকাতেয়ে বেরেৎ
কেদিঙায়.

7th SONG. ON A HUSBAND

1. Jare, jare,jare! tingdo gohb ondom jars jonomer para jurim Bagiya dingdo
2. Haire, hairs, haire! juri tingdo okabam jom let sukh baha lekam heh lenam bar sing gan lagitge
9. Haire, haire, hare ! juri tingdo oka konrre babaing danra bering oha dhartire babing senlenro jurireya rupdo going gnel guamtaya.
4. Haire, haire, haire! juri tingdo okare baba jurireya rup dooing gnel guam taya.
5. Bir Sahan ato sengelge nuya hormo doi melau ket tamdo
S. Haire, haire, haire ! bar sing lagitge nuya dhartire juri arsi leka hormo dom agu let tamdo.
7. Jare, jare, jare ! kopal bhangare !
8. Haire, haire, haire! hiyatingdo !
9. Tala tandire jurim bagiyadingdo
10. Jare, jare, jare! kupal bhangare!
11. Haire, haire, haire ! hiyatingre oting oyanglemhon oth onh ketehageys.

12. Sermaing boyoh lerehon sermahon chotge
13. Jare, jare, jare okahon Bangem Budh Bhorsa ot atingya okahon bain budh adingya
14. jare chekate jiweidoing tina chekating rareh tingya

৭ সেরেং।

১ জারে জারে জারে তিংদো গোই: এন্দোম জারে জনমের পারা জুরিম বাগিয়া দিংদো.

২ হাইরে হাইরে হাইরে জুরি তিংদো ওকা বাম জোমলেত সুখ বাহা লেকাম হে: লেনাম বার সিংগান লাগিৎ গে.

৩ হাইরে হাইরে হাইরে জুরি তিংদো ওকা কোঁ-ডরে বাবাইং দাডা লেরিং ওকা ধার্তিরে বাবিং সেনলেনরে জুরিরেয়া রুপদো গোইং এেল এাম তায়া.

৪ হাইরে হাইরে হাইরে জুরি তিংদো ওকারে বাবা জুরিরেয়া রুপদোইং এেল এাম তায়া.

৫ বির আতো সাহান সেঙেলগে নুয়া হড.মো দোই মেতাই কেত তাম দো.

৬ হাইরে হাইরে হাইরে বার সিংলাগিৎ গে নুয়া ধাত্তিরে জুরি আর্সিলেকা হড়মো দোম আ-গুলেত্ তানদো.

৭ জারে জারে জারে কোপাল ভাঙ্গারে.

৮ হাইরে হাইরে হাইরে হিয়া তিংদো.

৯ টালা টাণ্ডিরে জুরিম বাগিয়া দিংদো.

১০ জারে জারে জারে কোপাল ভাঙ্গারে.

১১ হাইরে হাইরে হাইরে হিয়া তিংরে ওতিং ওয়োং লেরেহোঁ অথহোঁ কেটে:গেয়া.

১২ সের্মাইং কোয়ো:লেরেহোঁ সের্মাহোঁ চটগে.

১৩ জারে জারে জারে ওকাহো বাংগেম বুধ ভর্সা ওটো আটিংঙ্গা ওকাহো বাম বুধ আদিঙ্গা.

১৪ জারে চিকাতে জিত্তিদোইং তিনা চেকাতিং রাড়ে. তিঙ্গা.

DANCING SONG.—No 1

1. Engaing bomb ane, apuinglion banuh ane, junkari darere tol, gojuh !
2. Luti terom rasate gnu! jiwedoh
3. Rachalang besot ens, patelangdo dulahi ehiti tolang tundang !
4. Mt°langdo load ena, chili doling tunilang !
5. Ina mina lao nani Banda naki ina telang tundang.

১ এন্নেরেয়াং সেরেং।

১ এঙ্গাইং বানু:আনে আপুইং হেঁা বানু:আনে ঝান্‌কাড়ি দারেবে তল গোজু.

২ লুতি তেরোম রাসাতে ঞু জিয়ে দো.

৩ রাচালাং লসতএনা পাটেলাংদো দালাদি চি-তিতেলাং টুণ্ডাং.

৪ বাটেলাং দো লসতএনা চিতি দেলাং টুণ্ডাং.

৫ ইনা মিনা লাড় নাড়ি ইনা মিনা বান্দু নাড়ি ইনা তেলাং টুণ্ডাং.

DANCING SONG.—No. 2

1. Jaipur nangarho :lathe sut dahho hiring 'tang ehil-land Mang tikeyalang
2. Wan joIngela dalm rebel geya

২ এন্নেরেয়াং সেরেং।

১ জাইপুর নানাগাহেঁা জাথে সুত দা: হো কিরিং লাং চিল্লাং রেলাং তিকেয়ালাং

২ ডাহু জোম গেলা ডাহু সেবেল গেয়া ডাহু.

Extracts from Revd. J. Phillips' Sonthal Grammar.

"What however appears singular in the Sonthal is, the word itself is often entirely changed in the vocative case: thus, আপুইং, my father, is used when speaking of, but never in arldreRsing, one's father ; in the latter case, বাবা, or বাবা হো, or এ বাবা, would be used. So also, instead of এঙ্গাইং, my mother, আয়ো, or আয়ো গো, O mother is used. The same also of other words."

1 মিঃ,	7 এআএ,
2 বারেআ,	8 ইরাল,
3 পেআ,	9 আরে,
4 পোনেআ,	10 গেল,
5 মণে,	20 মিঃ ইসি,
6 তুরুই,	

Extracts from Oxford Essays, Max Muller, & c.

	SANSKRIT.	ZEND.	GREEK.	LATIN.
Father :	**pitár**	**patar**	πατηρ	**pater**
Mother :	**mátár**	**mátar**	μητηρ	**mater**
Brother :	**bhrátar**	**bráta**	φρατηρ	**frater**
Sister :	**svásar**	**kanha**	....	**soror**
Daughter :	**duhits**	**daghdhar**	θυγάτηρ	

	SONTHALI.	GOTHIC.	SLAV.	Intem.
Father :	**apat or baba**	**fadar**	**...**	**athair**
Mother :	**engat**	**...**	**mati**	**mathair**
Brother :	**boiha**	**brōpar**	**brat**	**brathair**
Sister :	**misera**	**avistar**	**sestra**	**siur**
Daughter :	**hoponéra**	**dauhtar (Lith.)**	**dukte**	**dear**

	SANS.	ZAND.	DORIO.			
I am	**sami**	**ahmi**	**εμμι**	**im**	**em**	**menning or g naing**
Thou art	**ssi**	**ahi**	**έσσι**	**is**	**es**	**menama**
He is	**asti**	**asti**	**έστι**	**ist**	**e**	**menaia**
We are	**'smas**	**hmahi**	**έσμες**	**sijum**	**eneq**	**menale**
You are	**atha**	**stha**	**έστε**	**aijun**	**ēg**	**menapea**
They are	**súnti**	**nenti**	**έντι**	**sind**	**en**	**menskos**

Extract from Sir George Yule'a Report on the Sonthal Pergunnahs, for 1858.

With regard to the no-Police system, public opinion cannot be called as a witness, for it knows nothing about it. I ;night cite the residents in these Districts as witnesses in favor of the new plan; but they will in time speak for themselves. I clean only say at prevent that their reporting costs nothing but the journey of the Chowkeedar and of the sufferer, it' he so pleases, to the Hakim ; that investigation and trial of crime also coats nothing but the time spent by the people themselves in investigating and in going to and returning from the -Hakim's station, and they are paid from the day they Leave their homes till their return. No Police or Amlah have to be feed, enmity and rascality are deprived of their friends, they have nobody to fee; the villagers, therefore, that to, at least nine-tenths of the population, are from to do what they think beet, to report or to conceal a crime. They are not deterred from reporting by the fear of a Government Officer concerned in concealing it or by fear of the Zemindar, who, without the aid of that Officer of Government, always at his service for a sufficient consideration, loses great part of his power for evil. There is no general influence at work to keep a matter secret. One Zemindar wishes, we will say, to conceal a murder ; he may prevent his own ryots from reporting, but be has not the influence IA the Police to insist him in preventing the ryote of neighbouring Zemindars letting out the secret openly or quietly to the Hakim.

Granting, then, what I have said of both systems to be correct,— and I do not think any one really acquainted with the ways of the Natives will say I entertain too strong a prejudice on either side,—- what is the probability that mime will be better reported where there are Police or where there are none? Of course I suppose the Hakims in each system to be of average abilities and character, and in doing so I' give up a great deal to the opponents of the new system.

It is true the Mahajun, under the Regulation system, did not trouble himself with referring to the Courts to any great extent. He simply sent hie people and swept off the whole of his debtor's rattle, selling or keeping them as best suited himself. The people, ignorant and timid, and aware of the hopelessness of redress against their wealthy oppressor in any Civil Court or Magistrate's, with a Native Executive, eel-doe complained. If they did, a deed of sale or mortgage generally, I verily believe forged for the occasion, was the ready reply. What could a poor ryot, with his sole wealth, his cattle, gone, do? He could not fee Mooktears, Amlah, Vakeels, & c., and without feeing them handsomely, did any in India, European or Native, rich or poor, ever get justice, if justice indeed it can be called, in a Civil Court? In a Megistrate's they might by chance. Since the introduction of the new system, the complaints against Mahajuns for this forcible carrying off of cattle have been numerous and well- proved. I did not consider we should be justified in interfering in cases which had occurred before the insurrection; there were plenty after it, however, and indeed the practice had become so much a matter of course that even yet a cases occasionally happens, some sharp lessons have been required regarding this and the Kamiotee system (hereafter described) by the Hindoo Rajpoots and other high castes settled in the Sontal Districts with reference to their treatment of the lower castes and wild tribe, for whom they have not one atom of feeling. A more inhuman set in this respect it is not possible to conceive.

In former Reports I have described the Sontal Districts at an much length that I need any little now. A wonderful change has come over the people ever since last year. They all, and the Sontals in particular, have become so fat and sleek, and they have entirely lost the look, either sulky or anxious, which moat of them at first had. Their complaints too now are individual, not general. Two deputations of Sontal Manjees—one from Khurruckpore, the other from Chukye, both in Monghyr—came to us at Deoghur to complain of the exactions and oppressions they suffered at the hands of the Mahajuns and Zemindars. I had enquired into their complaints while passing through Khurruckpore when the Manjees were all absent, having gone to consult Mr. Robinson, whose name is great in Sontaldom. The complaints resolved themselves into two general subjects. The Sontals had pottahs for short periods only; they had settled in the jungles et low rents at first; these had been gradually increased, and were about to be increased still more. The Sontals wished to revert to the first jumma, or if that could not be done, then they hoped Government would take all their village into its own hands and retain the present rents without further increase. I could not give them any hope of compliance with either of their requests. The Zemindars had the right, by law, under tho circumstances, to increase their rents, and were doing no more than Mr. Pontet did in the Damun, and received Praise and thanks and a gold watch from Government for doing. The second subject of complaint was the cheating of Mahajuns and Zemindaree Agents in their accounts with the Sontals. Here the inability of the Sontals to read and write, their ignorance and timidity, and the constitution of the Regulation Courts, present obstacles in the way of redress not easily overcome. The Sontals have knotted strings and memory only to trust to, and the Manjee of the village has to do the recollection for all its inhabitants. The other side have their accounts nicely kept and plenty of witnesses to answer to their correctness. Other complaints related to cheating in weights and measures, & c. We explained to the deputations with much repetition that we in the Sonthal Districts could not help them; that they lived under another system, and must be guided by the rules of that system; in endeavoring to obtain redress, that they should not on suffering any injustice, sit down and hope that things would somehow improve, but they should at once proceed to the Magistrate or to the Collector or Monghyr, according to the nature of the complaint and tell their tale: and I wrote to the officers named, requesting them to take up personally, or to make over to their best European Assistants, all Sontal complaints, to keep them away from the Amlah and hangers- on of Courts, and to watch carefully the proceedings in cases of distraints.

Another matter on which I shall make a few remarks, is the stoppage put to the Kamiotee and Hurwahee systems of bondage by Mr. Robinson. Under the Kamiotee system, a poor man, borrowing Rupees 5, 10, or 20, binds himself to work for the lender till the loan is re-paid, sometimes with the condition of getting food (one seer of paddy a day!) - sometimes with to such condition. A hurwahee bond is the same, except that the borrower has to plough the lender's fields, whenever required, until the loan is repaid. Of course, the loans are never repaid. Where is the Kamiot to get money when he has to work for the lender always gratis? The Hurwahee in no better; he is always wanted to plough the lender's fields when he ought to be ploughing his own, and, of course, he is soon reduced to the lowest level. When the father dies the son becomes a Kamiot in his place, and so it goes on—slavery under the pretence of hired labor. Mr. Robinson's attention was attracted to the subject, I belives, by the number of thefts committed by Kamiots on then masters, and their common reply, when asked if they had committed the theft—. What could I do, Saheb, he made me work all "day and gave me nothing to eat." I have not Mr. Robinson's Report on the subject with me, but it will be submitted shortly, together with a copy of my orders to the officers in general on the subject. As the Kamiotee system was its great favor with the Rajpoots and other Hindoo castes, who will not put their own hands to plough or other works, and as these people are tolerably numerous in Mr. Robinson's division, the stoppage of the practice caused a little excitement, and some bitter appeals were made to me on the subject, particularly when Mr. Robinson fined a wealthy Hindoo severely for starving his Kamiot. The system is now dying out. Those who have not complained don't want to be released, their masters now treating them better and the Deputy Commissioner has had the satisfaction of putting a stop to a system of slavery as thorough as ever existed, and has never said a word about it except to myself; he late slaves though know him well. Without such officers as Robinson, Taylor, Wood, and Braddon, I fear the new system would have of suceeded but little better than the old Regulation one. If this is true, what important inferences must be drawn from the fact, no less than the incapacity, of a close service and Regulation Law to give satisfaction to the people.